Leckeres vom Balkon

AUTOR: JOACHIM MAYER | FOTOS: FRIEDRICH STRAUSS

Inhalt

4 Pflanzen-Praxis

26 Pflanzen-Porträts

Extras

Pflanzen-Praxis

Ernten macht Freude – und nichts schmeckt so gut wie das, was man selbst gezogen hat. Viele Gemüse- und Obstarten lassen sich auch auf einem kleineren Balkon anbauen, und mit etwas Know-how können Sie die Ernte in vollen Zügen genießen.

Frisch und knackig auf den Tisch

Üppige Ernten für die Tiefkühltruhe kann der Anbau von Obst und Gemüse auf dem Balkon zwar nicht liefern – dafür aber vielfältigen Genuss zum gesunden Naschen. Und diese direkte »Verwertung« ist meist die schönste: Eben schnell mal reife Tomaten oder Erdbeeren pflücken und an Ort und Stelle frisch genießen – einfach köstlich! Oft lässt sich aber auch genug ernten, um schmackhafte Gerichte zuzubereiten.

Vielfältige Sinnenfreuden

Gemüse- und Obstpflanzen versprechen nicht nur lukullische Freuden, sondern haben oft auch etwas für das Auge zu bieten. Mit ansprechenden Blättern, Blüten, Früchten und Wuchsformen bringen sie ganz neue Akzente in die Balkongestaltung, die normalerweise von einjährigen Blumen in Kästen und Töpfen dominiert wird. Und wenn Sie zum Obst und Gemüse noch einige Kräuter und andere Duftpflanzen hinzufügen, kommt auch die Nase auf ihre Kosten. So wird aus dem schlichten Balkon ein rundum reizvolles Sinneserlebnis.

Spaß am Ausprobieren

Obwohl ich einen Garten besitze, liebe ich es, Gemüse und Obst auf dem Balkon anzubauen. Nicht nur, weil z. B. eine Weinrebe im Kübel den Balkon verschönert oder sich Pepinos am besten im Topf kultivieren lassen, sondern weil es spannend ist zu probieren, was unter den beengten Verhältnissen im Topf noch klappt. Diese Lust am Experimentieren teilen viele Balkongärtner – und buchen eventuelle Misserfolge eher als Erfahrung ab denn als Unglück. Zudem haben Gemüse- und Obstsorten, die speziell für den Balkon angeboten werden, oft ganz eigene Reize – auch geschmacklich.

Damit der Erntespaß gelingt

Gemüse- und Obstpflanzen brauchen fast ausnahmslos viel Licht und Sonne. Doch lassen Sie sich nicht entmutigen, falls Ihr Balkon oder Ihre Terrasse einen Teil des Tags im Schatten liegt: Fünf bis sechs Stunden direkte Besonnung sind für viele Arten ausreichend. Das gilt zumindest für alle, die im Porträtteil (→ Seite 26) als halbschattenverträglich ausgewiesen sind. Und sofern sie diese »Dosis« als intensive Nachmittagssonne abbekommen, geben sich auch Sonnenhungrige oft damit zufrieden. Besonders wichtig ist ausreichender Sonnengenuss für das gute Ausreifen von Fruchtgemüse und Obst.

Salate, Blatt- und Knollengemüse entwickeln sich allerdings oft besser, wenn sie von der Mittagshitze verschont bleiben. Manche, wie Asia-Salate oder Rucola, werden bei starker Besonnung auch unangenehm scharf bzw. bitter. Da ist es sogar ratsam, einen sonnigen Südbalkon zeitweise mit einer Markise oder einem Sonnensegel zu beschatten. Ost- oder Westlagen können also durchaus geeignet sein. Schwierig wird es jedoch mit Nordbalkonen: Versuche mit halbschattenverträglichen Gemüsen sind möglich, aber nicht immer von Erfolg gekrönt.

Gut beschirmt und geschützt

Die Lichtverhältnisse auf einem Balkon hängen nicht nur von der Himmelsrichtung ab, sondern werden auch von einer eventuellen Überdachung oder einem massiven Balkongeländer beeinflusst. Sofern solche Vorrichtungen nicht übermäßige Beschattung zur Folge haben, sind sie jedoch oft vorteilhaft: Sie bieten einen besonders geschützten, warmen Standort. Auf ungeschützten Balkonen und Terrassen dagegen können nicht nur Kälte, sondern – vor allem in Westlagen – auch kräftige Winde und Platzregen zum Problem werden. Dagegen helfen z. B. niedrige Sichtschutzelemente, Segeltuch-Umspannungen o. Ä. Den besten Lichteinfall gewähren Umrahmungen aus Glas oder Acrylglas. Wird der Wind jedoch weitgehend ausgesperrt, müssen Sie eventuell bei der Bestäubung von

Die Johannisbeere, hier als charmantes Hochstämmchen, zählt zu den Obstarten, die auch im Halbschatten gut gedeihen.

Tomaten, Äpfel, Erdbeeren und Zucchini entwickeln sich nahe einer schützenden Hauswand prächtig. Helle Fassaden reflektieren zudem viel Licht, was den Pflanzen zusätzlich zugutekommt. Direkt vor einer weißen Wand kann es manchen allerdings im Hochsommer zu heiß werden.

Tomaten und anderen Pflanzen etwas nachhelfen (→ Seite 18/19). Ein weiterer Nachteil übermäßig windgeschützter Standorte ist, dass die Blätter nach einem Regen sehr langsam abtrocknen. Erreger von Pilzkrankheiten haben es dann leichter.

Platz für Gaumenfreuden

Selbst auf dem kleinsten Balkon findet sich ein Plätzchen für einen Blumenkasten mit Salaten oder Radieschen, für Buschtomaten in Töpfen oder auch ein Zwergobstbäumchen. Blumentreppen und Pflanzenregale helfen, die Stellflächen zu erweitern. Lassen Sie sich aber nicht dazu verleiten, die Gefäße allzu eng zu stellen oder zu bepflanzen – das kann zu Mini-Ernten führen und die Ausbreitung von Krankheiten und Schädlingen fördern.

Bedenken Sie auch, dass manche frostempfindliche Obstgehölze wie Maracuja über Winter einen hellen, kühlen Platz im Haus brauchen, z. B. im Treppenhaus oder in einem schwach beheizten Raum.

Leckere Vielfalt

Genügend große Behältnisse vorausgesetzt, lassen sich im Grunde genommen fast alle Gemüse- und Obstarten auf Balkon oder Terrasse kultivieren. Eher kompakte, relativ flach wurzelnde Arten und Sorten eignen sich natürlich am besten. Außerdem habe ich bei meiner Auswahl im Porträtteil (→ Seite 26) bevorzugt Arten berücksichtigt, die sich mehrmals beernten lassen. Sicherlich kann man z. B. auch Kopfsalat, Weißkohl oder gar Kartoffeln in Gefäße pflanzen – doch das verlangt dann etliche Wochen gute Pflege, um schließlich ein paar wenige Exemplare zu verkosten.

Knackige Äpfel zum Anbeißen: Mit Zwerg- oder Säulenbäumchen muss das auch auf dem Balkon kein Wunschtraum bleiben.

Gemüse – vom Mini- bis zum XL-Format

Schon seit einiger Zeit hat ein Trend die feine Küche erobert: Bei Gemüsen sind es besondere Züchtungen im Kleinformat, die oft ausgesprochen zart sind oder sehr aromatisch schmecken – von Cocktailtomaten über »Babymöhren« bis zu Zwerg-Brokkoli. Da sie weniger Platz brauchen und oft auch früher erntereif sind als ihre großen Geschwister, bieten sie sich für den Balkon geradezu an. Mittlerweile führen immer mehr Saatgutanbieter solche Minisorten in ihrem Programm.

› Salate wie Pflück- und Schnittsalat sind selbst ohne spezielle Minisorten sehr balkontauglich.

› Als ergiebig erweisen sich auch Asia-Salate und Winterportulak, die Sie wahlweise als Salate oder als gekochte Blattgemüse genießen können.

› Der Mangold fällt eher in die »XL-Kategorie«: Mit seiner langen Erntezeit und den zierenden rotstieligen Sorten ist er aber durchaus ein Balkon-Favorit.

› Fruchtgemüse wie Tomaten und Gurken brauchen teils noch etwas mehr Platz, sind aber die wahren »Balkon-Stars«. Sie tragen meist über einen längeren Zeitraum leckere Früchte, von denen sich manche prima zum direkten Naschen eignen.

› Bei den Knollen- und Zwiebelgemüsen ist die Auswahl nicht allzu groß. Zu Radieschen, Roten Beten und Zwiebeln können sich noch Möhren in Minisorten gesellen. Sie sind allerdings im Gefäß oft etwas heikel und recht nässeempfindlich.

Eine feine Sache sind »Salatwiesen«, die als Samenmischungen verschiedener Arten und Sorten angeboten werden.

Köstliche Tomaten, Erdbeeren, Paprika – in passenden Gefäßen ist vieles möglich. Und wer sagt, dass nur Blumen Töpfe zieren können?

Baumzwerge und Sträucher

Auch Zwergobstbäume folgen dem Mini-Trend, bringen aber Früchte normaler Größe hervor. Teils handelt es sich bei ihnen um spezielle Züchtungen, die kaum höher als 1,5 m wachsen und viele kurze, fruchttragende Seitentriebe bilden. Doch manchmal werden auch Zwergbäume angeboten, die eher den gartenüblichen Buschbäumen ähneln und auf Dauer schon etwas wüchsiger sind. Sie brauchen meist einen regelmäßigen Schnitt. Vor allem von Süßkirsche und Pflaume gibt es »echte« Zwergbäume bisher nur vereinzelt. Im Zweifelsfall empfiehlt es sich, sie dort zu kaufen, wo man eine gute Fachberatung erhält, z. B. in einer Baumschule.
Bei den schlanken, etwa 2–3 m hohen Säulenobstbäumen sitzen die kurzen Fruchtzweige direkt am Stamm, sodass sie oft nur 40–50 cm breit werden. Bei Säulenäpfeln wie den »Ballerinas« ist dieser Wuchs meist genetisch bedingt; bei Säulenbirnen, -kirschen und -zwetschgen müssen Sie dagegen durch häufigeren Schnitt etwas nachhelfen. Auch

von manchen Beerensträuchern werden mittlerweile säulenähnliche Formen angeboten.
Zum Beerenobst zählen auch Kletterpflanzen wie Kiwi und Weinrebe und nicht zuletzt die Erdbeeren, die selbst auf den kleinsten Balkon passen.
Wichtig Bei der Entscheidung für ein Obstgehölz müssen Sie berücksichtigen, dass manche Arten eine zweite Sorte als Bestäuber (Pollenspender) brauchen, damit sie überhaupt Früchte ansetzen. Das gilt für Apfel (mit Ausnahme weniger Säulenäpfel), Birne und viele Süßkirschensorten. Manche Gärtnereien bieten als Alternative zum Zweitbaum sogenannte Duobäumchen an, bei denen zwei sich gegenseitig bestäubende Sorten auf einen Stamm veredelt sind. Zwei Exemplare brauchen Sie auch bei Kiwis, bei denen weibliche und männliche Blüten auf verschiedenen Pflanzen sitzen – es gibt aber auch selbstfruchtbare (einhäusige) Sorten. Die anderen Obstarten benötigen meist keinen Pollenspender, doch oft erhöht eine zweite Sorte deutlich den Befruchtungserfolg und damit die Ernte.

Geeignete Gefäße, fruchtbare Erde

Im Vergleich zu einem guten, humosen Gartenboden, den Pflanzen frei durchwurzeln können, bieten Pflanzenbehältnisse mit ihrem begrenzten Erdvorrat nur einen bescheidenen Ersatz. Deshalb ist es entscheidend für den Anbauerfolg, möglichst optimale Gefäße und Erden auszuwählen.

Balkonkästen Sie eignen sich vor allem für eher niedrige Gemüse sowie kompakte Erdbeersorten. Die üblichen Kästen sind bis zu 1,2 m lang, 14 cm hoch und 17–18 cm tief. Allerdings lohnt sich die Mühe, sich nach etwas geräumigeren Kästen umzuschauen, die mindestens 16 cm hoch und 20 cm tief sind: Sie bieten nicht nur mehr Platz für die Wurzeln, sondern auch für die wichtige Dränageschicht (→ Seite 13). Denken Sie beim Kauf auch gleich an stabile, je nach Kastengröße verstellbare Kastenhalter.

Töpfe und Kübel Für Gemüse wie Grünkohl oder Aubergine sowie für Obstbäume und -sträucher brauchen Sie größere Töpfe oder Kübel. Im Allgemeinen sollten die Töpfe weder flach schalenförmig noch extrem schmal oder bauchig sein. Für große Gemüse sollten wenigstens 8–10 Liter Erde zur Verfügung stehen, was je nach Topfform einem Durchmesser von 24–28 cm am oberen Rand entspricht. Für Obstgehölze empfehlen sich Kübel (große Töpfe) mit mindestens 40 cm Durchmesser und 45 cm Höhe. Das Gefäß sollte jedoch nicht völlig überdimensioniert sein: Es genügt, wenn das Wurzelwerk sowie je eine Handbreit Erdreserve an den Seiten und unten bequem darin Platz finden. Bei Bedarf wird später in einen größeren Topf umgesetzt.

Materialien Im Allgemeinen bevorzuge ich Ton- oder Terrakottatöpfe. Ihre porösen Wände ermög-

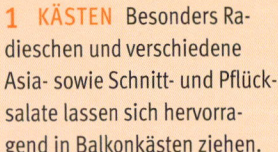  

1 KÄSTEN Besonders Radieschen und verschiedene Asia- sowie Schnitt- und Pflücksalate lassen sich hervorragend in Balkonkästen ziehen.

2 AMPELN Bei diesen reizvollen Hängegefäßen verzichtet man öfter auf Abzugslöcher, damit nichts tropft. Das Gießen erfordert dann aber viel Fingerspitzengefühl.

3 ERDSACK Ein Growbag erspart viele kleine Einzeltöpfe: Durch Einschneiden von Pflanzlöchern wird der Plastiksack mit Substrat zum »Minibeet«.

lichen einen guten Luftaustausch und eine bessere Wasserregulierung. Für Kästen und teils auch für große Kübel bietet sich jedoch der leichtere Kunststoff – in stabiler Ausführung – an. Dunkel gefärbte Gefäße – z. B. schwarze Mörteleimer – sind weniger geeignet, da sie sich in der Sonne übermäßig stark erhitzen. Gefäße für Obstbäumchen und andere Mehrjährige sollten unbedingt frostfest sein. **Wichtig** Alle Gefäße müssen an der Unterseite Abzugslöcher für überschüssiges Wasser aufweisen, sonst droht Vernässung oder gar Fäulnis. Meist haben sie zumindest entsprechende Vorstanzungen, die man vorsichtig durchstößt oder aufbohrt. Zudem ist es ratsam, die Gefäße leicht erhöht aufzustellen, z. B. auf spezielle Kübelfüße (Fachhandel) oder auf einem Lattenrost, damit das Wasser stets gut abfließen kann.

Erden und Substrate

Für kurzlebige Gemüse reicht oft schon gute Blumenerde. Günstig ist das Untermischen von zerkleinerten Vulkangesteinen wie Perlite oder Lavagrus sowie von Gesteinsmehlen. Sie sorgen dafür, dass das Substrat locker und durchlässig bleibt. Für anspruchsvollere Arten bietet der Fachhandel spezielle Gemüse- bzw. Tomatenerden an.
Bei Obst und anderen mehrjährigen Pflanzen ist es ausgesprochen wichtig, dass das Substrat dauerhaft locker und gut durchlässig bleibt. Hier lohnt es sich auf jeden Fall, nach einer hochwertigen Kübelpflanzenerde oder einer sogenannten Einheitserde (mit standardisierter Qualität) Ausschau zu halten. Das Untermischen von Perlite, Lavagrus, -splitt oder Sand in größeren Anteilen (bis zu 10 %) und von Gesteinsmehlen ist ratsam. Manche Gärtnereien empfehlen für Kübelobst bevorzugt Trog- oder Dachgartenerde (vom Typ »intensiv«).

Wie tragfähig ist der Balkon?

Angesichts eines Apfelbaums mit reichem Fruchtbehang im großen Kübel kann man schon ins Grübeln kommen: Verkraftet mein Balkon dieses Gewicht? Tatsächlich kann ein geräumiger Terrakottatopf mit Pflanze, feuchter Erde und Tonuntersetzer durchaus ein Gewicht von ca. 100 kg erreichen.

BEACHTEN Bei einem fachgerecht errichteten Balkon gelten 250 kg/m² als Höchstgrenze, bei älteren Bauten jedoch teilweise nur 100–150 kg/m². Bei diesen Gewichtsangaben müssen Sie daran denken, auch schwere Bodenplatten, Geländer und Balkonmöbel mit einzurechnen. Lassen Sie sich im Zweifelsfall von einem Bauingenieur beraten.

GEWICHT REDUZIEREN In jedem Fall ist es empfehlenswert, die Kübel nicht allzu dicht aufzustellen. Töpfe aus Kunststoff können die Belastung reduzieren – selbst wenn man zur Verbesserung ihrer Standfestigkeit eine Kiesdränage (statt Blähton) einbringt oder oben einige Kiesel auflegt.

Gemüseanbau im Erdsack

Eine einfache und für engagierte Gemüsefans interessante Lösung ist der von den Profis abgeschaute »Growbag«. Dazu kauft man einen großer Sack mit guter Kübelpflanzen- oder Gemüseerde, legt ihn flach auf den Boden bzw. einen Lattenrost und versieht ihn mit kreuzförmigen Einschnitten. Diese dienen als Pflanzlöcher, z. B. für Kopfsalatpflanzen oder auch kompakte Balkontomaten. Das Durchstoßen kleiner Löcher an der Unterseite und an den Schmalseiten sorgt für guten Wasserabfluss. Gegossen wird über die Pflanzschlitze.

Selber säen und vorziehen

Das Vorziehen aus Samen spielt vor allem bei Frucht- und Kohlgemüse eine Rolle. Die meisten Arten werden ab März in Anzuchtgefäße gesät. An einem hellen Fensterplatz mit Temperaturen zwischen 18 und 24 °C (je nach Art) entwickeln sich die Keimlinge am besten. Der Platz sollte aber möglichst nicht der prallen Mittagssonne ausgesetzt sein. Für die Anzucht brauchen Sie:

› kleine Anzuchttöpfe und/oder eine Anzuchtschale mit transparenter Abdeckhaube (»Minigewächshaus«);

› Aussaat- bzw. Anzuchterde (nährstoffarm und keimfrei) aus dem Fachhandel;

› eine Gießkanne mit feiner Brause oder – besser noch – einen Wasserzerstäuber.

Wenn Sie Lust bekommen, des Öfteren anspruchsvollere Gemüse wie Aubergine oder Chili zu kultivieren, können sich auch weitere Anschaffungen lohnen: Spezielle Vermehrungsleuchten verbessern das Wachstum im lichtarmen Frühjahr. Und ein Minigewächshaus mit integrierter Bodenheizung gewährleistet nicht nur entsprechend hohe Luft-, sondern auch Bodentemperaturen.

Vom Samen zur Jungpflanze

Mit beschrifteten Pflanzetiketten ist es kein Problem, verschiedene Arten oder Sorten in derselben Anzuchtschale anzuziehen und auseinanderzuhalten. Sie können ein Minigewächshaus aber auch prima als »überdachte« Stellfläche für einzelne Anzuchttöpfchen oder kleine Multitopfplatten verwenden. Große Samen, etwa von Feuerbohne oder Zucchini, sät man ohnehin besser einzeln oder zu wenigen in Töpfe.

› Achten Sie beim Einfüllen der Erde darauf, dass oben ein Gießrand von etwa 1 cm frei bleibt.

› Die Substratoberfläche wird eingeebnet und etwas festgedrückt. Nun streut man die Samen gleichmäßig aus, drückt sie leicht an und deckt sie ein- bis zweimal so hoch mit Erde ab, wie sie dick sind.

› Halten Sie die Saat feucht, aber nicht zu nass. Die Abdeckhaube oder über die Gefäße gelegte Glasscheiben oder Folien reduzieren die Verdunstung.

› Meist dauert es bis zur Keimung nur 8 bis 14 Tage. Zeigen sich die ersten grünen Spitzen, brauchen die Saaten mehr Luft. Entfernen Sie die Abdeckung zunächst nur stundenweise und schließlich ganz.

› Wird es den wachsenden Sämlingen nach Ausbildung der ersten Laubblätter zu eng, pflanzt man

Die Sämlinge brauchen viel Licht. Andernfalls wachsen sie staksig und mit kleinen, fahlgelben Blättern.

sie einzeln in etwas größere Töpfe mit Anzucht- oder Pikiererde. Dieses sogenannte Pikieren verschafft den Pflänzchen nicht nur mehr Platz, sondern regt auch neues Wurzelwachstum an.

› Danach sollten sie weiterhin möglichst hell stehen, aber etwas kühler. Legen sie kräftig zu, obwohl es draußen noch zu kalt zum Pflanzen ist, kommen sie nochmals in größere Töpfe, nun aber mit normaler Erde.

Direktsaat ins Balkongefäß

Gemüse, die nicht allzu viel Platz und Keimwärme brauchen, säen Sie am besten direkt in Kästen oder Töpfe. Bei Knollengemüse wie Radieschen ist das sogar die einzige Möglichkeit, da späteres Verpflanzen die Knollen- oder Rübenbildung stört. Die Saattermine sind je nach Art unterschiedlich und reichen von März bis September (→ Seite 26, Porträts). Bei schnellwüchsigen Arten bietet es sich an, alle paar Wochen einen neuen Kasten einzusäen. So können Sie über Monate z. B. immer wieder frischen Pflücksalat ernten. Für die Direktsaat eignen sich relativ lange Balkonkästen am besten.

› Bringen Sie zunächst eine Dränageschicht aus Blähton (Tonkügelchen) auf dem Boden aus, legen Sie am besten ein Vlies darüber, und füllen Sie dann die Erde ein, wie bei der Anzucht beschrieben. Vergessen Sie den 1–2 cm hohen Gießrand nicht.

› Nun ziehen Sie mit einem Stöckchen Rillen in die Erde, legen darin die Samen aus, decken sie mit Erde ab, drücken leicht fest und gießen gründlich an. Feldsalat und Spinat müssen nicht unbedingt in Reihen gesät werden. Hier können Sie die Samen breitwürfig, aber möglichst gleichmäßig und nicht allzu dicht ausstreuen und dann abdecken.

› Nach dem Aufgehen müssen die Sämlinge oft noch etwas ausgedünnt werden, sodass nur die

1 Saatbänder eignen sich gut für die Direktsaat in Kästen. Sie werden auf die benötigte Länge zugeschnitten und dann einfach aufs Substrat gelegt.

2 Feuchten Sie die Bänder nach dem Auslegen schon einmal kräftig an, bevor Sie die Erde darübergeben. So verbinden sie sich besser mit dem Substrat.

3 Drücken Sie zum Schluss die Abdeckerde etwas an, und gießen Sie dann ein weiteres Mal. Halten Sie danach die Erde stets feucht, aber nicht zu nass.

kräftigsten mit genügend Abstand zueinander stehen bleiben.

Mein Tipp Das Ausdünnen können Sie sich mit Saatbändern oder -scheiben sparen. Es gibt sie z. B. von Asia-Salaten und Rucola. Hier sind die Samen im nötigen Abstand zwischen Spezialpapieren, die später verrotten, angebracht. Die Bänder oder Scheiben werden auf dem Substrat oder in Rillen ausgelegt, abgedeckt und gut feucht gehalten.

Einpflanzen und Umtopfen

Bei der Kultur von Gemüse lässt sich so manches durch den Kauf fertiger Jungpflanzen erleichtern, bei Obstbäumen und -sträuchern erst recht: Hier ist die eigene Anzucht oft schwierig oder gar unmöglich. Gekaufte Junggehölze führen viel schneller und sicherer zum Erntespaß. Machen Sie sich jedoch keine Sorgen, falls in der ersten Saison noch keine Früchte erscheinen: Je nach Alter der Bäume fruchten sie erst ab dem zweiten Jahr. Wenn Sie genau über Ihr Bäumchen Bescheid wissen möchten, ist eine Baumschule oder Gärtnerei mit guter Beratung die beste Adresse für den Kauf.

Kauf- und Pflanztermine

Obstgehölze im Topf werden fast das ganze Jahr über angeboten. Sollen gekaufte Obstbäumchen allerdings gleich in einen neuen Topf kommen, sind Oktober/November oder Februar/März der beste Termin. Denn Ein- oder Umtopfen sollte man nur während der Ruhezeit. Obststräucher, Kiwi und Weinrebe pflanzt man vorzugsweise im Frühling. Bei vielen Gemüsen sowie Erdbeeren sind die Pflanztermine recht flexibel. Wärmeliebende Arten wie Tomaten haben allerdings einen Fixtermin: Traditionell kommen sie erst nach den »Eisheiligen«, also ab Mitte Mai nach draußen. Bei mildem Wetter und in geschützter Lage kann man den Termin auch etwas vorziehen; bei Kälteeinbrüchen lassen sich die Pflanzen ja schnell wieder ins Haus holen.

Mein Tipp Jungpflanzen dürfen schon an warmen Apriltagen öfter mal einige Stunden nach draußen – jedoch nicht gleich in die pralle Mittagssonne. So werden sie robuster und entwickeln sich besser. Das gilt für selbst gezogene genauso wie für frühzeitig gekaufte Pflanzen.

Richtig einpflanzen

Fachgerechtes Einpflanzen garantiert, dass die jungen Pflanzen sich gut entwickeln:

› Legen Sie zunächst Tonscherben (mit der Wölbung nach oben) über die Abzugslöcher. Dann sollte unbedingt eine 2–5 cm starke Dränageschicht (je

Wärmebedürftige Gemüse wie Zucchini kommen am besten erst ab Mitte Mai nach draußen, nachdem keine stärkeren Kälteeinbrüche mehr drohen.

1 Beim Ein- und Umtopfen von Obstgehölzen ist eine rund 5 cm hohe Dränage auf dem Kübelboden besonders wichtig, um Staunässe zu vermeiden.

2 Achten Sie beim Austarieren der Pflanzhöhe auf die leicht verdickte Veredlungsstelle der Obstbäume: Sie sollte sich etwa eine Handbreit über der Erdoberfläche befinden.

3 Nun füllt man die Erde bis rund 3 cm unter dem Topfrand auf und drückt sie um das Stämmchen herum kräftig an. Danach gründlich gießen.

nach Topfgröße) folgen. Sie gewährleistet einen guten Wasserabfluss. Am besten eignen sich dafür leichte Blähtonkügelchen. Dürfen die Töpfe schwerer sein, kommen auch Kies oder feiner Schotter infrage. Ein darübergelegtes Stück wasserdurchlässiges Garten- oder Abdeckvlies verhindert, dass eingeschwemmte Erde die Dränage verstopft.

› Füllen Sie zunächst nur ein paar Zentimeter Erde ein, und probieren Sie aus, wie hoch dieser »Sockel« werden muss, damit die Pflanze zum Schluss in der richtigen Höhe steht. Sie wird so tief eingesetzt, wie sie vorher im Anzucht- oder Verkaufstopf stand; dabei muss ein Gießrand von 2–3 cm frei bleiben.

› Achten Sie bei Erdbeeren und Salaten unbedingt darauf, dass das »Herz« mit den jungen Triebknospen nicht mit Erde bedeckt wird. Tomate, Paprika, Bohne und Erbse darf man dagegen etwas tiefer setzen, da sie an der mit Erde bedeckten Sprossbasis zusätzlich nützliche Wurzeln entwickeln.

› Ist das Wurzelwerk sehr dicht, zieht man es vor dem Einsetzen vorsichtig auseinander. Steht die Pflanze optimal, wird die restliche Erde aufgefüllt,

an der Oberfläche angedrückt und schließlich gründlich angegossen.

Obstgehölze umtopfen Auf dieselbe Weise topft man Obstgehölze – je nach Wuchsstärke – alle drei bis fünf Jahre um. Der neue Kübel sollte, je nach Pflanzengröße, 2–6 cm breiter sein. Dichtes Wurzelwirrwarr können Sie dabei vorsichtig auseinanderreißen, starke Wurzeln ein wenig einkürzen.

Veredelte Gemüse

Der Fachhandel bietet Tomaten, Gurken, Paprika und Auberginen an, die auf robuste Unterlagen veredelt wurden. Diese Pflanzen sind zwar nicht billig, aber besonders widerstandsfähig gegen Krankheiten und Kälte sowie sehr ertragreich. Beim Einpflanzen muss die Veredlungsstelle über der Erde liegen. Mit käuflichen Veredlungssets (samt Anleitung) sowie etwas Geschick können Sie solche edlen Fruchtgemüse sogar recht preiswert selbst anziehen.

Lebenselixier: Wasser und Nährstoffe

Ungenügende oder unregelmäßige Wasserversorgung kann bei Gemüse und Obst nicht nur schlappe Blätter zur Folge haben, sondern z. B. auch unangenehmen Geschmack, vorzeitiges »Schießen« (→ Seite 59), abfallende, sehr kleine oder missgebildete Früchte. Bei Nährstoffmangel leiden ebenfalls Wachstum und Ernte, wobei sich dies anfangs vor allem durch gelbliche, aufgehellte Blätter äußert. Auf der anderen Seite kann sich auch ein Übermaß an Wasser oder Dünger sehr nachteilig auswirken.

Pflanzendurst richtig löschen

Für eine gedeihliche, effektive Wasserversorgung gibt es folgende »goldene Regeln«:

› Gießen Sie ohne Brausenaufsatz direkt in den Wurzelbereich, und vermeiden Sie das Benetzen von Blättern oder gar Blüten und Früchten.

› Gießen Sie nur morgens oder frühabends und nicht in der prallen Mittagssonne.

› Lassen Sie jeweils die Substratoberfläche abtrocknen, und überprüfen Sie mit dem Finger die

Mit der Wasserleitung verbundene Tropfer, die neben die Pflanzen gesteckt werden, übernehmen in Verbindung mit Bewässerungscomputer und Feuchte-Sensoren zuverlässig das Gießen.

Erde darunter. Wenn diese nur noch leicht feucht ist, wird es wieder Zeit zum Gießen.

› Kippen Sie Wasser, das sich in Untersetzern und Übertöpfen sammelt, möglichst bald aus.

Gießen mit System Ein automatisches Bewässerungssystem aus dem Fachhandel kann viel Gießarbeit sparen und die »Urlaubsvertretung« übernehmen. Informieren Sie sich vor der Anschaffung gründlich, was für Ihre Bedürfnisse geeignet ist – die Palette reicht von einfachen Lösungen bis hin zu ausgeklügelten Systemen mit Bewässerungscomputer. In jedem Fall ist es ratsam, vor dem Urlaub einen längeren Praxistest durchzuführen.

Nährstoffe gegen Pflanzenhunger

Für die Nährstoffversorgung ist wasserlöslicher Flüssigdünger besonders bequem: Man bringt ihn einfach mit der Gießkanne aus. Verwendet man Festdünger, muss dieser gleichmäßig auf der zuvor angefeuchteten Substratoberfläche verteilt und dann, z. B. mit einem kleinen Handrechen, leicht eingearbeitet werden – danach gründlich gießen. Gute Erden enthalten einen Nährstoffvorrat, der für die ersten vier bis sechs Wochen nach dem Säen oder Pflanzen reicht. Danach sind die meisten Gemüse mit einer Düngung im Abstand von zwei bis vier Wochen gut versorgt. Fruchtgemüse wie Tomaten und Gurken haben allerdings einen hohen Nährstoffbedarf und sollten wöchentlich gedüngt werden – optimal sind spezielle Tomatendünger. Obst versorgt man am besten mit Langzeitdünger, den man im Frühjahr wie Festdünger einarbeitet. Wenn Sie im Frühjahr umtopfen, mischen Sie den Langzeitdünger gleich dem Substrat unter. Dies ist auch eine gute Lösung für Tomaten & Co. Alternativ bietet der Fachhandel »Düngedrops« für Kübeltomaten und Erdbeeren an, die man in die Erde steckt.

Richtig gießen: ohne Brause und unnötige Verdunstung direkt in den Wurzelbereich. So gelangt das Wasser am effektivsten dahin, wo es gebraucht wird.

Vorsicht Viele Arten, besonders Beerenobst und Gurken, vertragen kein Kaliumchlorid. Achten Sie auf chloridfreien Dünger, oder verwenden Sie speziellen Beerenobst- bzw. organischen Dünger.

Maßvoll düngen Stickstoff, einer der wichtigsten Nährstoffe für das Wachstum, ist in jedem Volldünger enthalten. Im Übermaß kann er aber das Blatt- und Triebwachstum auf Kosten der Früchte fördern, die Widerstandskraft gegen Pflanzenkrankheiten und Kälte mindern und zu gesundheitsschädlichen Nitratgehalten in Blatt- und Knollengemüse führen. Diese Risiken lassen sich mit relativ stickstoffarmen (z. B. Blühpflanzendünger) oder organischen Düngern verringern. Beachten Sie stets die Dosierungshinweise der Hersteller, und verwenden Sie im Zweifelsfall besser etwas weniger als zu viel. Alle überwinternden Pflanzen sollten ab August keinen stickstoffhaltigen Dünger mehr bekommen.

Stützen, fördern, schützen

Zur allgemeinen Pflegeroutine, die ich schon fast automatisch beim Gießen miterledige, gehört das Entfernen welker Blätter oder auch missgeformter und krankheitsverdächtiger Früchte. Günstig ist es außerdem, in Kübeln die verkrustete Erdoberfläche gelegentlich mit einem kleinen Handkultivator oder einer kräftigen Gabel vorsichtig aufzulockern.

Stützen und aufleiten

Für hochwachsende Pflanzen ist oft eine Stütze ratsam, ganz besonders bei Arten mit schwerem Fruchtbehang, wie Stabtomaten und Auberginen.

Auch Säulenobst sollte in den ersten Jahren einen Stützstab erhalten. Für Tomaten sind Spiralstäbe aus Aluminium gut geeignet und ersparen sogar das Anbinden. Ansonsten können dünne Bambus-, Tonkin-, Holz- oder Metallstäbe verwendet werden. Drücken Sie diese vorsichtig mit etwas Abstand vom Stängel bzw. Stamm möglichst tief in die Erde – am besten gleich beim Pflanzen. Binden Sie die Pflanzen dann in Abständen von 20–30 cm mit einer lockeren Schleife an.

Kletter- und Rankpflanzen können je nach Größe an in den Topf gesteckten Gittern oder Stäben oder aber an stabil an der Wand befestigten Gerüsten aufgeleitet werden. Besonders für Erbsen und Feuerbohnen sind auch große Blumenkästen mit einem integrierten Rankgitter eine schöne und praktische Lösung.

Den Fruchtsegen fördern

Tomaten, Paprika, Pepino und Andenbeere werden überwiegend durch den Wind bestäubt. Auf einem windarmen Balkon können Sie nachhelfen, indem Sie die blühenden Pflanzen täglich um die Mittagszeit etwas rütteln. Gurken haben das nicht nötig: Sie bilden ihre Früchte ohne Bestäubung. Für Insektenbestäuber wie Obst und Zucchini ist es förderlich, durch eine vielfältige Blumenbepflanzung bereits ab März/April Bienen und Hummeln anzulocken. Wenn das alles nichts hilft, müssen Sie not-

Verlässlich gestützt: Tomaten stehen stabil dank Spiralstab, während die Feuerbohne am Rankgitter gen Himmel strebt.

falls die Pollen mit einem Pinsel auf die Narbe des weiblichen Blütenstempels übertragen.

War die Bestäubung erfolgreich, wird es manchmal zu viel des Guten: Vor allem bei Apfelbäumen führt ein reicher Fruchtbehang oft dazu, dass die Ernte im nächsten Jahr extrem mager ausfällt. Oft werden schon bis Ende Juni einige Äpfelchen von selbst abgestoßen. Sind die Büschel dann immer noch sehr üppig, schneiden Sie am besten noch einige heraus, sodass nur noch zwei bis drei Äpfel pro Fruchtstand bzw. höchstens 30 an einem Säulenbaum verbleiben. Diese werden dann auch größer und schmecken besser. Auch bei Birne und Pfirsich kann das Ausdünnen dichter Fruchtstände die Qualität der Ernte verbessern.

Geschützt über den Winter

Wenn die letzten Sommerblumen und Balkongemüse die Kästen räumen, wird es Zeit, an die Wintergäste zu denken. Exoten wie Andenbeere und Maracuja müssen schon vor den ersten Frösten an einen möglichst hellen, kühlen Platz (4–10 °C) gebracht werden und dort bis zum nächsten Mai verweilen. Kübelobst und überwinternde Gemüse wie Feldsalat können in der Regel draußen bleiben, sollten aber an einen geschützten Platz nahe der Hauswand gerückt werden.

Kritisch wird es allerdings, wenn sich sehr frostige Temperaturen einstellen und die Erde im Kübel völlig durchfriert. Sofern Sie die Pflanzen nicht vorübergehend an einen kühlen Ort im Haus bringen können, sollten Sie die Töpfe gut isolieren, indem Sie dicke Styroporplatten oder Bretter unter die Töpfe legen. Umhüllen Sie die Gefäße zudem mit alten Wolldecken, Sackleinen, Noppenfolie oder Kokosmatten, und decken Sie die Substratoberfläche mit Laub, Fichtenzweigen, Kokosmatten oder Zeitungen

Gut verpackt: Isolierende Unterlagen, Umhüllungen und Fichtenreisig schützen den Wurzelbereich, der auf keinen Fall längere Zeit durchfrieren darf.

(mit Steinen beschweren) ab. Wer einen Garten hat, kann die Töpfe ebenerdig eingraben.

Gießen Sie überwinternde Pflanzen sparsam und – im Freien – nur bei frostfreiem Wetter, lassen Sie aber den Erdballen nie ganz austrocknen.

Luftiger **Winterschutz**

TRIEBE SCHÜTZEN Zum Schutz der oberirdischen Teile vor kalten Winternächten reicht bei Gemüse wie Grünkohl sowie Obst oft das Auflegen eines Schutzvlieses (Fachhandel) oder auch einer gelochten Gartenfolie. Ist stärkerer Schutz nötig, können Triebe mit luftdurchlässigen Materialien wie Leintüchern oder Jutegewebe umhüllt oder mit Stroh und Fichtenzweigen eingepackt werden.

VORSICHT: SPÄTFROST Schutzvliese sind auch im Frühjahr nützlich, wenn Spätfröste die Obstbaumblüten oder frühe Gemüsesaaten bedrohen.

Kübelobst-Schnitt: stets gut in Form

Die Sache mit dem Schnitt wirkt oft etwas kompliziert, weil sich je nach Obstart, Gehölzalter, Erziehungsform und Wuchsstärke unterschiedliche Maßnahmen empfehlen. Beim Kübelobst spielt das allerdings nur eine größere Rolle, wenn der »Zwergbaum« ein schnittbedürftiger Buschbaum ist. In dem Fall kann Spezialliteratur zum Thema Obstgehölzschnitt sehr hilfreich sein, vor allem wegen des je nach Art unterschiedlichen Schnitts zur Förderung fruchtender Triebe. Auf die wichtigsten Besonderheiten, auch beim Beerenobst, wird in den Porträts kurz hingewiesen (→ Seite 26).

Termine und Tricks für den Schnitt

Günstiger Schnittzeitpunkt ist der Spätwinter – jedoch nie bei Frost. Aber auch ein Schnitt im Sommer ist möglich und empfiehlt sich vor allem, wenn das Wachstum älterer Bäumchen gebremst werden soll. Stein- und Beerenobst wird meist ohnehin besser im Sommer, nach der Ernte, geschnitten; dann verheilen auch die Wunden schneller. Normalerweise sollten beim Auslichten und Rückschnitt keine Aststummel stehen bleiben (→ Abb. rechts). Eine Ausnahme macht man jedoch bei Gehölzen, die nach dem Schnitt mit starkem Harzfluss »bluten«, besonders bei Kirschen und Pfirsich sowie bei der Weinrebe, die an den Schnittstellen leicht eintrocknet. Schneiden Sie hier je nach Triebstärke auf 2–10 cm lange Zapfen, und entfernen Sie diese erst im folgenden Jahr komplett.

Säulen- und Zwergbäume schneiden

Je nach Art und Wuchstyp unterscheidet sich der notwendige Schnitt ein wenig:

› Bei den züchterisch »verschlankten« Säulenäpfeln gibt es nur manchmal einige vorwitzig lange Seitentriebe, die Sie am besten direkt am Stamm abschneiden.

› Die kräftigeren neuen Seitentriebe von Säulenbirnen, -kirschen und -zwetschgen kürzt man jährlich im Juni um etwa 10–15 cm ein. Hier müssen Sie auch öfter den Mitteltrieb etwas zurückschneiden.

› Bei »echten« Zwergbäumen reicht gelegentliches Auslichten der ältesten Triebe, wenn die Krone zu dicht wird, und das Einkürzen allzu langer Seitentriebe. Mit zunehmendem Alter kann auch ein gezielter Fruchtholzschnitt nötig werden.

Erziehungsschnitt Wachsen die Bäumchen dagegen kräftiger, brauchen sie in den ersten drei bis

Bei der Weinrebe kürzt man die Triebe etwa 2 cm über einer Knospe ein, damit diese nicht austrocknet.

fünf Jahren einen Erziehungsschnitt. Er soll zu einem stabilen, gut belichteten Astgerüst führen, mit geradem Mittelast und drei bis vier Leitästen, die idealerweise etwa im 45°-Winkel gleichmäßig verteilt am Stamm stehen. Meist ist dieser Aufbau bei guten Jungbäumchen bereits im Ansatz vorhanden. Die Leittriebe kürzen Sie jährlich um etwa ein Drittel ihres Neuzuwachses ein, den Mittelast dann so, dass er diese um ca. 20 cm überragt. Konkurrenztriebe zum Mittelast muss man unbedingt entfernen. Nach dem Erziehungsschnitt sollten Sie die Gerüstäste nicht mehr jährlich einkürzen, sondern besser nach Bedarf bis zu einem etwas flacher stehenden Seitentrieb zurückschneiden.

EINKÜRZEN Schneiden Sie beim Einkürzen knapp (0,5–1 cm) über einer nach außen weisenden bzw. in günstiger Wuchsrichtung stehenden Knospe. Führen Sie den Schnitt leicht schräg, sodass die Schnittfläche direkt über der Knospe etwas höher liegt. So bleibt kein Wasser stehen, und die Infektionsgefahr an der Schnittstelle wird vermindert.

AUSLICHTEN Sollen Seitenäste oder -zweige komplett entfernt werden, schneiden Sie diese direkt an der Ansatzstelle, sodass nur eine flache Scheibe, der »Astring«, stehen bleibt. Lässt man stattdessen Stummel stehen, verheilt die Wunde langsamer, und die Infektionsgefahr erhöht sich. Verstreichen Sie Schnittstellen mit mehr als 3 cm Durchmesser mit einem Wundverschlussmittel.

HERUNTERBIEGEN Junge, zu steile Leitäste können Sie mit »sanfter Gewalt« herabbiegen und mit Bindebast oder Astklammer fixieren, damit sie im 45°-Winkel abzweigen. Dies geschieht am besten im Sommer. Auch später sollten steile Seitentriebe entweder ganz entfernt oder heruntergebogen werden. Flach stehend wachsen sie schwächer und bilden mehr Blüten bzw. Fruchtholz.

Unerwünschte Mitesser

Was unsere Gaumen verwöhnt, schmeckt leider oft auch Schädlingen und Krankheitserregern. Die warmen, geschützten Verhältnisse auf einem Balkon begünstigen zudem z. B. Blattläuse und Spinnmilben. Neben solchen Allerweltsschädlingen gibt es eine Vielzahl von Schaderregern, die sich nur auf bestimmte Gemüse- oder Obstarten spezialisiert haben. Ich verwende zur Bestimmung fraglicher Schadursachen gern Spezialliteratur. Aber solche recht umfassenden Bücher lohnen sich nicht unbedingt, wenn man nur ein paar wenige Gemüse oder Obstgehölze kultiviert. In Gärtnereien und guten Gartencentern findet man oft kompetentes Personal, das bei der Diagnose befallener Pflanzenteile weiterhelfen und auch gleich geeignete Mittel empfehlen kann. Gute Anlaufstellen bei besonderen Problemen sind auch die Pflanzenschutzdienste der Bundesländer. Sie bieten häufig auch einen Service für Hobbygärtner. Nicht zuletzt findet man auch in Gartenzeitschriften und Internetforen Informationen über viele Plagegeister.

Vorbeugen – immer gut und ratsam

Tatsächlich bleibt man schon von vielem verschont, wenn man die Standort- und Pflegeanforderungen der Pflanzen einigermaßen erfüllen kann. Weitere Vorkehrungen helfen, Schädlinge und Krankheiten noch mehr in Grenzen zu halten:

› Bevorzugen Sie beim Kauf von Saatgut und Pflanzen Sorten, die als resistent oder tolerant (völlig oder recht widerstandsfähig) gegen bestimmte Schaderreger ausgewiesen sind. Auch veredelte Fruchtgemüse (→ Seite 15) sind besonders robust.

› Vermeiden Sie zu enge Pflanzung bzw. zu engen Stand ebenso wie übermäßige Stickstoffdüngung, und benässen Sie oberirdische Pflanzenteile beim abendlichen Gießen möglichst nicht. Das beugt Pilzkrankheiten wie Mehltau und Grauschimmel vor.

› Säubern Sie Hilfsmittel und Zubehör wie Messer, Gartenscheren, Stützstäbe und Töpfe nach jedem Gebrauch gründlich, um keine Übertragung hartnäckiger Krankheiten zu riskieren.

› Dauerregen begünstigt Pilzkrankheiten und Schäden an Früchten. Bei genügend Platz rückt man Topfpflanzen einfach eine Zeit lang ins Trockene. Alternativ kann man ein provisorisches Foliendach über den Pflanzen errichten. Besonders empfehlenswert ist das für Tomaten, bei denen die durch Regen geförderte Krautfäule oft die Früchte ruiniert. Lassen Sie zwischen Pflanzen und Folie genug Abstand, damit die Luft gut zirkulieren kann.

Vorsicht bei Pflanzenschutzmitteln

ANWENDUNG UND DOSIS Richten Sie sich beim Gebrauch von Pflanzenschutzmitteln genau nach den Anwendungs-, Dosierungs- und Sicherheitshinweisen auf der Packung oder im Beipackzettel.

WIRKSAMER EINSATZ In der Regel spritzt man am besten so, dass die Blätter tropfnass sind. Behandeln Sie auch die Blattunterseiten gründlich.

WARTEZEIT Achten Sie unbedingt darauf, ob eine Wartezeit angegeben ist. Bei manchen Mitteln muss man sich nach der Anwendung eine Zeit lang gedulden, bis man das Erntegut verzehren darf.

1 Dauerregen kann Tomaten schaden: Ein provisorisches Foliendach oder auch ein gekauftes Tomatenhaus beugt dem Befall mit Krautfäule vor.

2 Spritzen Sie Pflanzenschutzmittel nur, wenn es weitgehend windstill ist und am besten bei etwas bedecktem Himmel. Wichtig: Behandeln Sie beide Blattseiten gründlich.

3 Apfel- und Pflaumenmadenfallen locken Schmetterlinge an. Diese bleiben am Leim kleben und können so keinen Madennachwuchs mehr zeugen.

› Der Fachhandel bietet Pflanzenstärkungsmittel auf Naturstoffbasis an, die bei wiederholtem Ausbringen die Widerstandskraft gegen Pilzkrankheiten oder auch Gemüseschädlinge erhöhen.

Schonend, aber effektiv bekämpfen

Wenn man den Befall frühzeitig erkennt, helfen oft schon einige konsequente Handgriffe, um die Schaderreger unter Kontrolle zu halten:

› Entfernen Sie Pflanzenteile mit Krankheitssymptomen oder starkem Schädlingsbefall sofort.

› Schneiden Sie kranke Triebe großzügig bis in den gesunden Bereich zurück.

› Streifen oder sammeln Sie Schädlinge wiederholt ab, oder spritzen Sie sie mit Wasser ab.

› Stellen Sie krankheitsverdächtige und stark befallene Pflanzen an einen anderen Ort. Im Notfall ist es auch besser, sie zu entsorgen, bevor sie andere Pflanzen anstecken.

Geeignete Präparate Kommt es trotz aller Vorbeugung zum Befall, sollte man sich im Fachhandel beraten lassen. Heute sind zahlreiche Hilfsmittel und Präparate erhältlich, die den Einsatz gesundheits- und umweltbedenklicher Stoffe erübrigen. Fallen gegen Apfel-, Kirsch- und Pflaumenmaden und Leimringe helfen gegen Frostspannerraupen an Obstgehölzen. Kulturschutznetze, über junge Gemüsepflanzen ausgelegt, halten Gemüsefliegen und andere Insekten fern, Vogelschutznetze bewahren Kirschen, Beeren und Weintrauben vor gefiederten Mitessern.

Gegen vielerlei Insekten sowie Spinnmilben gibt es Spritzmittel mit Wirkstoffen, die Bienen und blattlausvertilgende Nützlinge (z. B. Marienkäfer) ebenso schonen wie die menschliche Gesundheit: Dazu zählen Präparate mit Neem, Rapsöl, Kaliseife und – nicht völlig harmlos, aber passabel – Pyrethrum. Biologische Mittel mit Bacillus thuringiensis erfassen Raupen an Gemüse und Obst, solche mit Granulosevirus machen Apfel- und Birnmaden den Garaus und wirken gezielt nur gegen diese Schädlinge. Viele Pilzkrankheiten lassen sich mit schonenden Mitteln auf Lecithin-, Kupfer- oder Schwefelbasis bekämpfen.

Rezeptideen – ein Menü vom Balkon

Mit dem auf Ihrem Balkon selbst gezogenen Gemüse und Obst können Sie sogar ein komplettes Menü zaubern und genießen. Die angegebenen Zutaten reichen jeweils für zwei Personen.

1 Zum Auftakt: Minestrone

Zutaten 1 Zwiebel, 2 Knoblauchzehen, 200 g Zucchini, 100 g grüne Bohnen, 100 g Brokkoli, 6 Cocktailtomaten, 2 EL Olivenöl, 1 l Gemüsebrühe, 50 g kleine Suppennudeln, Salz, Pfeffer
Zubereitung Zwiebel und Knoblauchzehen schälen und fein würfeln. Zucchini und Bohnen in Scheiben bzw. Stücke schneiden, Brokkoli in Röschen teilen, Tomaten halbieren. Zwiebel- und Knoblauchwürfel in heißem Öl glasig dünsten. Bohnen und Gemüsebrühe zugeben. Zugedeckt 10 Min. köcheln lassen. Das restliche Gemüse und die Nudeln zugeben und weitere 5 Min. kochen lassen. Mit Salz und Pfeffer abschmecken.

2 Lecker und leicht: Gegrillte Antipasti

Zutaten 2 Auberginen, 200 g Zucchini, 2 EL Olivenöl, Salz, Pfeffer, 150 g Mozzarella, 1 Handvoll Rucola, 1 TL Pesto, 50 ml Gemüsebrühe, 2 EL Balsamico
Zubereitung Auberginen und Zucchini waschen, in Scheiben schneiden, mit dem Öl vermischen. Die Scheiben in einer heißen Grillpfanne von beiden Seiten je 2 Min. anbraten, salzen und pfeffern. Mozzarella in Scheiben schneiden. Rucola grob hacken. Gemüse und Mozzarella dachziegelartig auf den Tellern anrichten. Pesto mit Gemüsebrühe verrühren und mit Salz, Pfeffer, Essig abschmecken. Über das Gemüse und den Käse träufeln. Zum Schluss Rucola darüberstreuen.

3 Aus dem Wok: Fisch auf Asia-Salat

Zutaten 200 g Reis, 1 Mango, 1 grüne Chili, Saft von 1 Zitrone, Salz, Pfeffer, 1 Prise Zucker, 1 TL Weißweinessig, 3 EL Öl, 400 g Asia-Salat, 2 Fischfilets (z. B. Rotbarsch, Pangasius)
Zubereitung Den Reis kochen. Mango schälen und Fruchtfleisch würfeln. Chili von Stiel und Kernen befreien, klein schneiden. Mango, Chili, Salz, Pfeffer, Zucker, Essig und die Hälfte des Zitronensafts pürieren. Etwas Öl zugeben. Fisch mit Zitronensaft beträufeln und salzen. Mit Öl im Wok bei mittlerer Hitze beidseitig anbraten. Den geschnittenen Salat zugeben, den Wok sofort vom Feuer nehmen. Mango-Chili-Dip untermischen und mit Reis servieren.

4 Ausklang: Exotischer Obstsalat

Zutaten 6 Andenbeeren (Physalis), 1 Pepino, 1 Birne, 2 Kiwis, 100 g Naturjoghurt, 100 g Sahne, 1 EL Zucker, 1 EL Honig, 1 EL Kokosraspel
Zubereitung Früchte schälen. Andenbeeren enthüllen, halbieren. Pepino und Birne entkernen, in Schnitze schneiden. Kiwis in Scheiben schneiden. Joghurt, Sahne, Zucker und Honig verrühren, über das Obst geben und mit Kokosraspeln bestreuen.

5 Und dazu: Maracuja-Peach-Cocktail

Zutaten (für vier Portionen) 1 Pfirsich, 1 Maracuja, 4 Erdbeeren, 8 EL Ananassaft, gestoßenes Eis
Zubereitung Pfirsich kurz überbrühen, Haut abziehen, Fruchtfleisch klein schneiden. Maracuja halbieren, Fruchtfleisch (samt Kernen) herauslöffeln. Erdbeeren klein schneiden. Alles mit Ananassaft mixen. Gläser zur Hälfte mit gestoßenem Eis auffüllen, Fruchtmix darübergießen und durchrühren.

Pflanzen-Porträts

Deftig und fruchtig, kompakt und imposant, für die schnelle Ernte oder als Krönung der Saison, einfach anzubauen oder etwas anspruchsvoller – unter den in den Porträts vorgestellten Pflanzen ist für jeden Geschmack und Bedarf etwas dabei.

Probieren und genießen

Gemüsesamen und -pflanzen sind recht preiswert und verlangen nicht allzu viel Aufwand. So kann man einfach Saison für Saison verschiedene interessante Arten und Sorten testen. Für den Einstieg sind Salate und Radieschen besonders gut geeignet, aber natürlich können sich auch gleich die ersten Balkontomaten und -erdbeeren hinzugesellen. Unter den Gehölzen bieten sich für den Anfang vor allem Apfelzwerg- oder -säulenbäume sowie Rote Johannisbeeren an.

Doch nehmen Sie sich zunächst nicht zu viel vor. Zwar brauchen Gemüse und Obst kaum mehr Pflege als Balkonblumen und Kübelpflanzen – diese muss aber besonders regelmäßig durchgeführt werden. Und die schönste »Arbeit«, nämlich die Ernte, sollte möglichst nicht in die Zeit einer Urlaubsreise fallen. Denken Sie daran schon bei der Wahl der Saat- und Pflanztermine. Andererseits freuen sich auch nette Helfer, die während eines Urlaubs das Gießen übernehmen, wenn sie dabei ein paar frische Tomaten oder Gurken naschen können.

Reizvolle Exoten

Mit Maracuja, Andenbeere und Pepino finden Sie im Porträtteil drei interessante Pflanzen, die sich bei uns nur kultivieren lassen, wenn sie im Haus überwintert werden. Je nach Lust und Platz können Sie auf diese Weise auch weitere exotische Fruchtpflanzen halten, z. B. Feige *(Ficus carica)*, Kakipflaume *(Diospyros kaki)* oder Baumtomate *(Cyphomandra betacea)*. Allerdings ist der Wärmebedarf dieser Pflanzen teils recht hoch, und nach kühlen Sommern reifen die Früchte manchmal nicht richtig aus. Zudem brauchen Sie für solche Exoten ausreichend Überwinterungsplätze im Haus: Diese sollten in der Regel hell, aber recht kühl sein.

Brassica-Arten

Asia-Salate

WUCHS lockere Köpfe oder dichte Blattrosetten, 15–30 cm hoch | **ERNTEZEIT** Mai bis Oktober

Zu den Asia-Salaten oder »Asia Greens« im weiteren Sinn zählen auch Chinakohl, Pak Choi sowie die Salatchrysantheme. Doch hauptsächlich werden unter diesem Namen schnellwüchsige Kohl-Verwandte aus Fernost gehandelt. Von ihnen erntet man vorzugsweise noch recht junge Blätter. Die bekanntesten Vertreter heißen Mizuna (mit geschlitzten Blätter, ähnlich wie Rucola), Misome, Mibuna oder Komatsuna (alle mit ganzrandigen Blättern). Sie schmecken mild kohlähnlich bis kresseartig. Etwas schärfer munden sogenannte Blattsenfsor-

ten wie 'Mustard Green' oder 'Mustard Red Giant' (grün bronzefarben). Für die Gefäßkultur eignen sich besonders Mizuna oder Samenmischungen verschiedener Asia-Salate, die teils auch als Saatbänder angeboten werden.

Kultur April bis August in einer Reihe in einen langen Kasten säen, später etwas ausdünnen; oder – besser noch – ein Saatband verwenden, bei dem die Samen bereits im idealen Abstand liegen. Die Pflanzen können auch vorgezogen und dann mit rund 20 cm Abstand in große Töpfe oder Kästen gepflanzt werden; die Samen keimen bei 15–22 °C. Vorgezogene Pflanzen eignen sich vor allem für die Nutzung als Gemüse, bei der etwas mehr Blattmasse erwünscht ist als für Salate.

Pflege Besonders im Sommer unbedingt auf gleichmäßige Feuchtigkeit achten; andernfalls könnten die Salate unangenehm scharf werden oder auch »schießen«, also vorzeitig Blüten bilden. Bei mehrmaligem Schnitt nach jeder Ernte etwas Dünger geben. Spät gesäte Asia-Salate überstehen des Öfteren milde Winter, wenn man sie im Herbst nochmals schneidet, und bringen dann im zeitigen Frühjahr eine weitere Ernte.

Ernte Ab fünf bis sieben Wochen nach der Aussaat. Bei 15–20 cm Höhe schneiden, und zwar etwa 5 cm über dem Herz bzw. über der Basis; dann treiben die Pflanzen wieder aus und können bis zu fünf Ernten liefern.

Küchentipp Asia-Salate liefern schmackhafte, vitaminreiche, gesunde Rohkost, lassen sich gemischten Salaten als Würze zugeben oder ergeben ein leckeres gedünstetes Gemüse, z. B. aus dem Wok. In Salaten schmecken junge Blätter am besten. Ältere Blätter, besonders von den Blattsenfsorten, sind roh recht scharf, die Schärfe verliert sich aber beim Dünsten.

Lactuca sativa var. *crispa*
Pflück- & Schnittsalat

WUCHS lockere bis dichte Blattrosetten,
15–25 cm hoch | **ERNTEZEIT** April bis Oktober

Vom Pflücksalat erntet man nach und nach einzelne Blätter, beim »klassischen« Schnittsalat die ganze Pflanze. Die meisten Sorten sind jedoch mehrfach beerntbar. Es gibt mehrere Sorten mit hübsch gebuchteten, gekräuselten und/oder rötlichen Blättern, z. B. 'Lollo Rossa' oder 'Red Salad Bowl'.

Kultur April bis Juli/August in Reihen oder breitwürfig säen; später auf 15–25 cm Abstand ausdünnen. Teils auch als Saatbänder erhältlich. Pflücksalat kann auch vorgezogen und ab Anfang April ausgepflanzt werden.

Pflege Im Hochsommer am besten halbschattig stellen, um dem Schossen vorzubeugen.

Ernte Ab fünf bis sechs Wochen nach der Aussaat fortlaufend die äußeren Blätter pflücken oder die ganze Pflanze abschneiden (Schnittsalat).

Küchentipp Besonders zart schmecken die als »Baby-Leaf«-Salat angebotenen Saatmischungen.

Eruca sativa
Rucola (Salatrauke)

WUCHS lockere bis dichte Blattrosetten,
15–25 cm hoch | **ERNTEZEIT** April bis Oktober

Früher bei uns eine Rarität, ist der Rucola mittlerweile zur Trendpflanze und zur unverzichtbaren Zutat nicht nur für italienische Gerichte geworden. Die leicht anzubauende, schnellwüchsige Pflanze besticht durch nussig kresseartigen Geschmack.

Kultur Ende März bis September direkt ins Gefäß säen, in Reihen mit 15–20 cm Abstand oder breitwürfig. Samen nur ganz leicht mit Erde bedecken. Auch als Saatbänder oder -scheiben erhältlich.

Pflege Im Sommer gleichmäßig feucht halten und am besten halbschattig stellen, sonst werden die Blätter sehr scharf und bitter.

Ernte Ab vier bis sechs Wochen nach der Aussaat fortlaufend einzelne Blätter schneiden oder bei 15–20 cm Höhe das ganze Gefäß abernten.

Küchentipp Die Blätter eignen sich nicht nur für Salate, sondern auch als – nicht mitgekochte – Würze für Fisch und Fleisch oder als Pizzaauflage.

---

bald verwerten   gekühlt einige Tage haltbar   lagerfähig   Einfrieren möglich

Montia perfoliata

Winterportulak

WUCHS dichtbuschig, 20–25 cm hoch
ERNTEZEIT November bis März

Er liefert Frisches mitten im Winter, enthält viel Vitamin C und A sowie Eisen und ist robust und pflegeleicht – trotzdem zählt der Winterportulak bisher noch eher zu den »Geheimtipps«. Er ist auch als Postelein oder Kubaspinat bekannt.

Kultur Im September ins Gefäß säen, in Reihen mit 15–20 cm Abstand oder breitwürfig. Die feinen Samen nur dünn mit Erde abdecken. Später auf etwa 20 cm Abstand ausdünnen. Winterportulak keimt am besten bei Temperaturen unter 12 °C und lässt sich bei mildem Wetter noch im Oktober oder auch im zeitigen Frühjahr säen. Für den Genuss als Wintersalat und -gemüse ist allerdings der Septembertermin ideal.

Pflege Gleichmäßig leicht feucht halten. Über Winter möglichst geschützt aufstellen und das Gefäß mit Noppenfolie oder alten Decken etwas isolieren. In Kälteperioden mit Vlies oder Fichtenreisig abdecken, bei sehr strengen Frösten vorübergehend ins Haus bringen. Die Blätter werden unter Frosteinwirkung rötlich und hart; wird es wärmer, treibt wieder neues Grün aus.

Ernte Blätter ab etwa acht Wochen nach der Aussaat schneiden (außer bei Frost). Die inneren, jungen Herzblätter stehen lassen, damit die Pflanze nachtreibt. Dann sind bis zum Blühbeginn im März/April drei bis vier Ernten möglich.

Küchentipp Die leicht fleischigen, geschmacklich an Feldsalat erinnernden Blätter munden als Salat ebenso wie – nach kurzem Blanchieren – als spinatähnliches Gemüse. Sie passen gut zu Kräuterquark und Mischsalaten und schmecken roh sogar als gesunder Belag auf einem Butterbrot oder als Zutat zu einer feinen Cremesuppe.

Portulak für den Sommer

Trotz seiner Namensähnlichkeit ist der Portulak *(Portulaca oleracea)* nur ein entfernter Verwandter des Winterportulaks. Er lässt sich ebenfalls in Gefäßen anbauen und als vitaminreicher Salat oder Gemüse nutzen. Die Pflanzen werden 30–40 cm hoch und haben hübsche, glänzend fleischige, leicht säuerlich schmeckende Blätter. Anders als der Winterportulak ist diese Art wärmebedürftig und wird erst ab Mai im Freien gesät.

☼ Sonne ◐ Halbschatten ● Schatten 🍇 vollreif ernten   Früchte können oder müssen nachreifen

Valerianella locusta
Feldsalat

WUCHS flache Blattrosetten, etwa 10 cm hoch
ERNTEZEIT Oktober bis März

Feldsalat hat nicht nur den höchsten Vitamin-C-Gehalt unter allen Salaten, er enthält auch reichlich weitere Vitamine und Mineralstoffe. Achten Sie auf Sorten, die als widerstandsfähig gegen Mehltau ausgewiesen sind. Manche neuere Züchtungen wie 'Favor' können fast das ganze Jahr über angebaut und geerntet werden.

Kultur Mitte August (für Herbsternte) bis Mitte September (für Frühjahrsernte) direkt ins Gefäß säen, in Reihen mit 10–20 cm Abstand oder breitwürfig, Samen nur flach mit Erde bedecken.

Pflege Wie Winterportulak. Etwas Algenkalk unter das Substrat gemischt, tut den Pflanzen gut.

Ernte Ab vier Wochen nach der Aussaat Blattrosetten direkt über der Erdoberfläche abschneiden.

Küchentipp Besonders knackig schmeckt Feldsalat, wenn man ihn vor der Zubereitung kurz in eiskaltes Wasser legt.

Spinacia oleracea
Spinat

WUCHS flache Blattrosetten, 10–30 cm hoch
ERNTEZEIT April bis November

Frischen Spinat gab es früher nur im Frühjahr oder Herbst, weil die Pflanzen im Sommer schnell »schießen«. Inzwischen gibt es aber Sommersorten wie 'Columbia', und das vitamin- und mineralstoffreiche Gemüse lässt sich heute sogar im Hochsommer ernten. Wählen Sie mehltauresistente Sorten.

Kultur Direkt ins Gefäß säen: die meisten Sorten März bis Mitte Mai oder August bis Anfang Oktober; Sommersorten im April bis Juli. In Reihen mit 25 cm Abstand oder breitwürfig (möglichst dünn).

Pflege Wie Winterportulak. Spätsaaten können überwintert und im Frühjahr geerntet werden.

Ernte Ab vier Wochen nach der Aussaat 2–3 cm über der Erdoberfläche abschneiden; treibt mehrmals neu aus.

Küchentipp Früh geerntete, kleine, zarte »Baby-Leaf«-Blätter sind voll im kulinarischen Trend und munden auch als Salat.

Beta vulgaris ssp. *cicla*

Mangold

WUCHS aufrechte Blätter mit fleischigen Rippen, bis 50 cm hoch | **ERNTEZEIT** Mai bis Oktober

Von manchen Sorten dieses gesunden Sommergemüses werden nur Blätter oder nur Stiele geerntet, oft ist aber beides verwertbar. Attraktiv im Pflanz- wie im Kochtopf sind rot- oder buntstielige Sorten ('Rhubarb Chard', 'Bright Lights').

Kultur April bis Juni einige wenige Samen in großen Topf (etwa 30 cm Durchmesser) säen, später nur die kräftigste Pflanze stehen lassen. Kann auch vorgezogen werden, das Verpflanzen verzögert aber manchmal vorübergehend die Entwicklung.

Pflege Gleichmäßig feucht halten, nach jedem Schnitt etwas Dünger geben.

Ernte Blätter ab acht Wochen, Stiele ab zwölf Wochen nach der Aussaat. Von außen abernten, innere Blätter für mehrmalige Ernten stehen lassen.

Küchentipp Die Blätter werden wie Spinat gedünstet, die Stiele ähnlich wie Spargel oder – in Stücke geschnitten – wie Kohlrabi zubereitet.

Brassica oleracea var. *sabellica*

Grünkohl

WUCHS langstielig, gekrauste Blätter, bis 80 cm hoch | **ERNTEZEIT** Oktober bis Februar

Anders als die meisten Kohlgemüse lässt sich der Grün- oder Krauskohl mehrfach beernten und liefert den ganzen Winter über gesunde Kost. Die rot getönte Sorte 'Redbor' (→ Abb.) bietet einen markanten Anblick auf dem Winterbalkon.

Kultur Anzucht Mitte Mai bis Juni im Freien; bis Anfang August einzeln in große Töpfe pflanzen.

Pflege Bei Trockenheit kräftig gießen. Nach dem Pflanzen düngen, im Herbst nochmals kalireichen Dünger (z. B. Tomatendünger) geben. Über Winter bei starken Frösten Gefäße isolieren.

Ernte Am besten erst nach den ersten leichten Frösten, die den Geschmack verbessern. Blätter nach Bedarf von unten her ernten.

Küchentipp Grünkohl wird gern mit deftiger Wurst (z. B. Mettwurst) oder Kassler gekocht, eignet sich aber auch ohne Fleischbeilage z. B. für Gemüseeintöpfe oder Cremesuppen.

Brassica oleracea var. *italica*

Brokkoli

WUCHS fleischige Sprosse, lockere Köpfchen, bis 50 cm hoch | **ERNTEZEIT** Juni bis Oktober

Was vielen vom leckeren italienischen Vorspeisenteller oder aus dem Supermarkt vertraut ist, kann auch auf dem Balkon heranwachsen: sehr kleine, aber feine Brokkoliröschen mit intensivem Geschmack. Minisorten für den Anbau sind z. B. ‘Kabuki’ sowie ‘Romanesco Natalino Mini’ mit minarettartigen hellgrünen Röschen. Solche Romanesco-Formen werden manchmal auch dem Blumenkohl zugerechnet. Größere Brokkolisorten kommen aber ebenfalls für Gefäße infrage. Die Pflanzen bilden nach der ersten Ernte neue Seitentriebe, sodass für Nachschub gesorgt ist. Achten Sie darauf, dass sich manche Sorten eher für frühe Saat und Ernte eignen, andere besonders für Spätanbau mit Herbsternte. Durch Nutzen der verschiedenen Saatzeiten können Sie über einen langen Zeitraum frischen Brokkoli ernten.

Kultur Anzucht je nach Sorte zwischen März und Juni. Ab Mitte April einzeln in große Gefäße pflanzen; Minisorten mit 25–30 cm Abstand auch zu mehreren in Kästen oder Töpfen.

Pflege Gleichmäßig feucht halten. Nach dem Pflanzen düngen, ab Beginn der Blütenstandsbildung ein- bis zweimal nachdüngen.

Ernte Die Röschen schneiden, solange die Knospen noch geschlossen sind. Schneiden Sie beim Beernten des Haupttriebs den Stiel mit ab, das fördert die Seitentriebbildung. Achtung: Im Hochsommer öffnen sich die Knospen sehr schnell, deshalb frühzeitig und häufig ernten.

Küchentipp Beim Eigenanbau erschließen sich ganz neue Genüsse, die man als Käufer von Fertigware nicht kennt: Neben den Röschen bzw. Köpfchen lassen sich auch die Blätter und Stiele als Gemüse zubereiten. Die Stiele werden wie Spargel geschält und gegart, und tatsächlich erinnern sie auch im Geschmack an Grünspargel. Die Blätter schmecken mild kohlartig.

Als vitaminreiches Gemüse wird Brokkoli am besten schonend gedünstet oder gar nur blanchiert und keinesfalls zerkocht. Röschen wie Stiele sind ideal, wenn sie noch ein klein wenig »Biss« haben. Wenn Sie alle Teile zusammen kochen möchten, müssen Sie beachten, dass die Stiele etwa doppelt so lang brauchen wie die Röschen (Letztere je nach Größe 4–8 Minuten). Die klein geschnittenen Blätter sollten dann erst kurz vor dem Ende der Garzeit hinzugegeben werden.

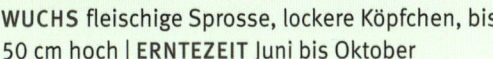

Lycopersicon esculentum

Tomate

WUCHS meist aufrecht, mäßig bis dicht verzweigt, 30–200 cm hoch | **ERNTEZEIT** Juli bis Oktober

Der Siegeszug dieses beliebten Fruchtgemüses begann auf dem Balkon mit den kompakten Buschtomaten. Trotzdem bauen viele Tomatenfans gern auch größere Formen auf Balkon und Terrasse an. Denn so lässt sich die ganze Fülle an unterschiedlichen Fruchtgrößen, -formen, -farben und natürlich auch Aromen nutzen. Der Trend einerseits zu verschiedenen Wuchsformen, andererseits zu alten und ungewöhnlichen Tomatensorten hat dazu geführt, dass es mittlerweile ein gewaltiges, aber manchmal auch verwirrendes Angebot gibt. Grund-sätzlich unterscheidet man heute zwischen folgenden Gruppen:

› Busch- oder Balkontomaten: 30–60 cm hoch, dichtbuschig verzweigt; Früchte mittelgroß, manchmal auch klein, teils süß;

› Stabtomaten: 120–200 cm hoch, wenig verzweigt, mit großen Früchten; diese sind bei Fleischtomaten besonders üppig und gerippt;

› Cocktail-, Kirsch- oder Cherrytomaten: im Wuchs meist wie Stabtomaten, aber mit nur kirschen- bis pflaumengroßen, oft süßlichen Früchten.
Interessante Besonderheiten sind:

› Hängetomaten: oft ähnlich wie Buschtomaten, aber mit überhängenden Trieben (z. B. 'Tumbling Tom'), auch für große Ampeln geeignet; Früchte mittelgroß bis klein, teils süß;

› Johannisbeertomaten: ähnlich wie Cocktailtomaten, aber Früchte noch kleiner und zahlreicher;

    Sonne   Halbschatten   Schatten   vollreif ernten   Früchte können oder müssen nachreifen

KOMPAKT Die beliebte Buschtomate 'Balkonstar' (links) macht ihrem Namen alle Ehre.

VIELGESTALTIG Cherrytomaten (oben) sind tatsächlich kaum größer als Kirschen; andere Sorten überraschen mit birnenförmigen Früchten (unten).

wildtomatenartig, sehr wüchsig, aber recht gut in Kübeln oder auch Ampeln zu halten;
› Klettertomaten: besonders hochwüchsige Stabtomaten (bis 4 m) wie 'Himmelsstürmer' und 'De Berao' (»Baumtomate«), die sehr kräftige Stützen und geräumige Kübel brauchen.

Johannisbeer- und Klettertomaten (besonders 'De Berao') gelten als relativ gering anfällig gegen die Kraut- und Braunfäule. Als tolerant, also recht widerstandsfähig gegen die Krankheit, sind derzeit ausgewiesen: 'Fantasio', 'Phantasia', 'Vitella' (runde Stabtomaten), 'Myrto' (Fleischtomate) und 'Philovita' (Kirschtomate). Auch Sorten, die resistent gegen andere Tomatenkrankheiten (z. B. Fusariumwelke, Mosaikvirus) sind, verdienen bei der Auswahl den Vorzug. Veredelte Tomaten (→ Seite 15) sind ebenfalls robust.

Kultur Anzucht ab Ende Februar bei 20–24 °C; einzeln in 10-cm-Töpfe pikieren, dann hell bei 18 °C aufstellen. Oder ab Ende April Jungpflanzen kaufen. In geräumige Töpfe pflanzen, kleine Buschtomaten auch in große Kästen, Abstand mindestens 35 cm; kleinen Sorten wenigstens 5 Liter, großen mindestens 10 Liter Erde gönnen. Am besten in Tomatenerde setzen. Etwas tiefer einpflanzen, als die Setzlinge im Anzuchttopf standen. Nach allmählichem Abhärten gegen Mitte Mai ins Freie stellen.

Pflege Stets gut feucht halten, unbedingt mit leicht vorgewärmtem Wasser gießen. Wöchentlich düngen, spezieller Tomatendünger ist empfehlenswert. Welke Blätter an der Basis regelmäßig entfernen. Hohe Sorten an Stab aufbinden bzw. an Spiralstab hochleiten.

Bei Stabtomaten in den Blattachseln entstehende Seitentriebe regelmäßig und frühzeitig ausbrechen (ausgeizen); nach Bildung des fünften oder sechsten Blüten- bzw. Fruchtstands Spitze des Haupttriebs kappen, um die Ausreife der bereits angelegten Früchte zu fördern. Diese Maßnahmen entfallen bei Busch- und Hängetomaten.

Ernte Ab Juli vollreife Früchte fortlaufend pflücken.

Küchentipp Im Herbst noch nicht ausgereifte Tomaten können Sie, locker nebeneinander ausgebreitet, an einem dunklen, warmen Ort nachreifen lassen. Das führt allerdings bei großen Früchten zu schmackhafteren Ergebnissen als bei Kirschtomaten. Vorsicht: Unreife, noch grüne Früchte enthalten ein giftiges Alkaloid, das erst bei Vollreife abgebaut wird.

Wermutstropfen Krautfäule

KRAUT- UND BRAUNFÄULE ist eine gefürchtete, verbreitete Pilzkrankheit. Sie verursacht dunkle Flecken auf Blättern, Stängeln und Früchten. Der Pilz tritt besonders stark nach spätsommerlichen Regenperioden auf – gerade dann, wenn die meisten Früchte reifen.

VORBEUGEN Alles, was Blätter und Früchte vor anhaltender Feuchte schützt, mindert die Befallsgefahr: von weitem, luftigem Stand über das Gießen direkt in den Wurzelbereich (vorzugsweise morgens) bis zu einem provisorischen Regendach aus Folie (→ Seite 22), sofern sich kein geschützter Platz unter einem Dachvorsprung findet.

 bald verwerten    gekühlt einige Tage haltbar   lagerfähig    Einfrieren möglich

Capsicum annuum

Paprika, Peperoni & Chili

WUCHS buschig aufrecht, 40–80 cm hoch
ERNTEZEIT August bis November

Bei diesem Fruchtgemüse unterscheidet man den großfrüchtigen, mild schmeckenden Gemüsepaprika und den Gewürzpaprika oder Peperoni mit meist schmalen, spitzkegeligen, mäßig bis feuerscharfen »Schoten« (streng botanisch sind es Beeren, keine Schoten). Zu Letzteren zählen auch viele Sorten, die man als Chilis bezeichnet, darunter auch die Jalapeños. Zuweilen werden auch exotischere und besonders scharfe Typen angeboten, z. B. Tabasco-Chili *(Capsicum frutescens)* oder Habaneros *(C. chinense)*. Teils sind diese aber noch kälteempfind-

licher als die anderen Paprikapflanzen. Generell kann ein kühler Spätsommer und Herbst leider die Fruchtreife beeinträchtigen. Zunehmend finden sich unter den Gemüsepaprikas kompakte Balkonsorten, die nur rund 40 cm hoch werden, z. B. 'Apache', 'Multi' und 'Redskin'.

Kultur Jungpflanzen kaufen oder ab Ende Februar bei 20–26 °C vorziehen und später pikieren. Einzeln in große Töpfe pflanzen, am besten in Tomatenerde. Etwas tiefer setzen, als die Pflänzchen im Anzuchttopf standen. Ab Mitte Mai nach draußen stellen, bei kühlen Temperaturen besser erst etwas später. Vorher durch stundenweisen Frischluftaufenthalt an warmen Tagen abhärten.

Pflege Gleichmäßig feucht halten, unbedingt mit temperiertem Wasser gießen. Je nach Größe und Wuchsstärke alle ein bis zwei Wochen düngen. Bei sehr staksigem Wuchs ab 40–50 cm Höhe die Spitze des Haupttriebs entfernen. Hohe, großfrüchtige Sorten mit Stäben stützen. Falls Sie eine etwas seltenere Chilisorte erhalten oder angezogen haben, kann sich ein Überwinterungsversuch an einem frostfreien, hellen Platz (um 10 °C) lohnen. Die Pflanzen müssen dann im zeitigen Frühjahr zurückgeschnitten und umgetopft werden.

Ernte Wenn sich die Früchte fest anfühlen, je nach Sorte und Verwendung noch grün oder aber sortentypisch voll ausgefärbt, also rot, violettbraun oder gelb bzw. orange.

Küchentipp Natürlich können Gemüsepaprikas auf vielerlei Art und Weise zubereitet werden, vom Pfannengericht bis hin zur Füllung mit Hackfleisch oder Käse. Doch die selbst geernteten Paprikas genieße ich am liebsten frisch und roh – mit dem vollen Geschmack und Vitamingehalt. Sehr lecker ist z. B. ein Paprikasalat mit Schafskäse, Basilikum und anderen Kräutern.

Zucchini sind eigentlich eine Spezialform des Gartenkürbisses, und so gibt es neben Sorten mit gurkenähnlichen Früchten auch runde Zucchini (z. B. 'Eight Ball', dunkelgrün) und tellerartige Squash-Formen (z. B. 'Sunburst', gelb).

Sehr interessant ist auch 'Black Forest', eine langtriebige, sehr robuste Sorte, die sich an Rankgittern oder Stäben bis 2 m hoch ziehen lässt. Ihre länglichen grünen Früchte eignen sich auch sehr gut für eine Ernte als »Minis«. Im Allgemeinen braucht man für die Kultur von Mini-Zucchini keine besonderen Sorten: Die Früchte werden einfach schon frühzeitig geerntet.

Kultur Im April oder Mai bei 20–24 °C vorziehen, am besten mit zwei bis drei Samen in kleinen Töpfen, später nur das kräftigste Exemplar weiterkultivieren. Auch als Jungpflanzen erhältlich. Nach Abhärten bei mildem Wetter gegen Mitte Mai nach draußen pflanzen. Die Töpfe sollten mindestens 20 Liter Erde fassen bzw. wenigstens 50 cm Durchmesser haben; Tomatenerde ist gut geeignet.

Pflege Gleichmäßig leicht feucht halten, nur mit handwarmem Wasser gießen. Ab Beginn der Fruchtbildung wöchentlich mit organischem oder Tomatendünger versorgen.

Ernte In der »normalen« Größe von 15–20 cm Länge ab etwa sechs Wochen nach der Pflanzung; dann regelmäßig ernten, dies fördert die Neubildung von Früchten. Zarte Mini-Zucchini werden schon mit 8–12 cm Größe geerntet; an ihnen dürfen durchaus noch die Blüten haften. Runde Minis erntet man bei 4–6 cm Durchmesser.

Küchentipp Nicht nur die Früchte der Zucchini sind essbar: Die Blüten eignen sich, am besten kurz angedünstet, als schmackhafte Garnierung für vielerlei südländische Gerichte, etwa für Risotto oder gegrillte Antipasti.

Cucurbita pepo
Zucchini

WUCHS buschig, breit ausladend, 40–60 cm hoch | **ERNTEZEIT** Juli bis Anfang Oktober

Es mag auf den ersten Blick überraschen – doch genügend Platz für geräumige Kübel vorausgesetzt, sind Zucchini sehr dankbare Balkongemüse und gehören zugleich zu den unkompliziertesten. Wer sie einmal mit Erfolg kultiviert hat, weiß, dass schon eine Pflanze über viele Wochen ausgesprochen produktiv sein kann. Dazu sind Zucchini mit ihren gelben Trichterblüten und den großen, teils hübsch gemusterten Blättern ausgesprochen attraktiv. Und auch die Früchte, je nach Sorte grün, gelb, weiß oder gestreift, sprechen optisch an.

Cucumis sativus

Gurke

WUCHS mit Ranken kletternd, bis über 200 cm lange Triebe | **ERNTEZEIT** Ende Juni bis September

Für den Balkonanbau bieten sich vor allem Mini-Salatgurken mit rund 15–20 cm langen Früchten an, z. B. 'Bush Champion', 'Lothar' und 'Printo'. 'Ministars' schmecken schon bei 10 cm Länge lecker.

Kultur April bis Anfang Juni bei 20–22 °C vorziehen oder Jungpflanzen kaufen; einzeln in große Töpfe pflanzen, ab Mitte Mai nach draußen stellen. 'Ministars' eignen sich auch gut für Hängeampeln.

Pflege Sorten mit langen Trieben an Rankgittern oder Stäben hochziehen; Haupttrieb kappen, wenn er etwa 2 m hoch ist, und Seitentriebe mit Fruchtansätzen in den Blattachseln oberhalb des zweiten Blatts einkürzen. Stets gut feucht halten.

Ernte Früchte nicht zu groß werden lassen, öfter durchpflücken.

Küchentipp Mini-Gurken sind tolle Snacks, können natürlich aber auch zu frischem Salat verarbeitet oder eingelegt werden.

Solanum melongena

Aubergine

WUCHS buschig, 60–120 cm hoch
ERNTEZEIT Ende Juli bis Oktober

Ein geschützter, warmer Platz ist für Auberginen ideal. Sehr gut lassen sich Mini-Auberginen wie 'Baby Rosanna' und 'Ophelia' in Töpfen ziehen.

Kultur Ende Februar bis April bei 20–25 °C vorziehen oder Jungpflanzen kaufen; einzeln in große Töpfe pflanzen, erst nach den Eisheiligen nach Mitte Mai ins Freie stellen.

Pflege Bis zur Fruchtausbildung gut feucht halten, wöchentlich düngen. Blühende Triebe des Öfteren um die Mittagszeit schütteln, um die Bestäubung zu fördern. Lange, stark fruchtbehangene Triebe an Stäben aufbinden. Bei wüchsigen, großfrüchtigen Sorten nur drei Triebe mit je zwei Früchten belassen, weitere Fruchtansätze ausbrechen.

Ernte Wenn die Früchte gut ausgefärbt sind und ansprechend glänzen.

Küchentipp Ein besonderer Genuss sind mit Parmesan- oder Feta-Käse überbackene Auberginen.

☀ Sonne Halbschatten • Schatten ❦ vollreif ernten 🍇 Früchte können oder müssen nachreifen

Phaseolus coccineus

Feuerbohne (Prunkbohne)

WUCHS Schlingpflanze, 300–400 cm hoch
ERNTEZEIT Juli bis Oktober

Als attraktive Kletterer mit roten oder weißen Blüten sind Feuerbohnen besonders reizvoll. Doch auch die kompakten Buschbohnen lassen sich auf ähnliche Weise in Gefäßen kultivieren.

Kultur Im April bei 20 °C vorziehen, dazu drei bis vier Samen pro Topf säen. Einzeln oder zu zweit in große Töpfe setzen, ab Mitte Mai ins Freie stellen.

Pflege An langen Stäben, Drähten, Schnüren oder einem Gerüst hochleiten. Gleichmäßig feucht halten. Bei Blühbeginn und nach der Hülsenbildung organisch oder stickstoffarm düngen.

Ernte Fortlaufend junge, zarte Hülsen pflücken. Wollen Sie die Samen als Trockenbohnen ernten, bis zum Herbst ausreifen lassen.

Küchentipp Die zarten Hülsen ergeben einen leckeren Bohnensalat und eignen sich auch gut für Minestrone oder Eintopf. Achtung: Bohnen stets kochen – roh sind sie giftig!

Pisum sativum

Erbse

WUCHS locker buschige Rankpflanze, 50–120 cm hoch | **ERNTEZEIT** Juni bis September

Von Zuckererbsen wie 'Norli' und 'Delikata' können Sie die kompletten jungen Hülsen genießen. Mark- und Schalerbsen wie 'Dorian', 'Evita' und 'Kleine Rheinländerin' liefern dagegen Körner, die bei Markerbsen besonders süß sind. Alle genannten Sorten werden nur etwa 50–70 cm hoch.

Kultur Je nach Sorte zwischen Mitte März und Juni in große Kästen oder Töpfe säen, mit 4–5 cm Samenabstand.

Pflege Am besten an Stäben, Rankgitter oder Maschendraht hochziehen. Gleichmäßig feucht halten. Ein- bis zweimal einen organischen oder stickstoffarmen Dünger geben.

Ernte Immer wieder junge, zarte Hülsen pflücken. Schalerbsen bei Bedarf ganz ausreifen lassen.

Küchentipp Ein Teelöffel Zucker im Kochwasser bewahrt die frischgrüne Farbe und verstärkt das feine Aroma.

---

 bald verwerten   gekühlt einige Tage haltbar   lagerfähig   Einfrieren möglich

Cynara scolymus

Artischocke

WUCHS breitbuschig, bis 200 cm hoch, mehrjährig | **ERNTEZEIT** Ende Juli bis September

Mit ihren silbrigen, tief geschlitzten Blättern und den großen Blütenkörben sind Artischocken eine wahre Augenweide. Wenn Sie im Spätsommer einmal keine Zeit zum Verarbeiten der opulenten Knospen haben, können Sie stattdessen den Anblick der hübschen violettblauen Blütenkörbe genießen. Zuweilen erscheinen die Knospen erst ab dem zweiten Jahr.

Kultur Im März bei 20–22 °C vorziehen; wenn Sie die Samen vor der Aussaat 2–3 Stunden in lauwarmes Wasser legen, erleichtert das die Keimung.

Manchmal werden auch vorgezogene Jungpflanzen angeboten. Einzeln in hohe Kübel mit etwa 50 cm Durchmesser pflanzen und erst ab Mitte Mai ins Freie stellen.

Pflege Anfangs leicht, ab Mai gut feucht halten; wöchentlich düngen. Am besten an einem in den Topf gesteckten Stab anbinden. Im Spätherbst die alten Blütenstiele stark zurückschneiden, junge Schösslinge stehen lassen, die Blätter lose zusammenbinden. An einem geschützten Platz nahe der Hauswand überwintern, fast trocken halten, vor Frösten mit einer Packung aus trockenem Laub, Stroh oder Fichtenzweigen schützen. Spätestens nach drei Erntejahren durch Teilung bzw. Abtrennen der Ausläufer verjüngen, da dann meist die Blütenbildung nachlässt.

Ernte Im Spätsommer geschlossene, knospige Blütenköpfe noch vor Violettfärbung abschneiden.

Küchentipp Garen Sie Artischocken stets mit Zitronensaft – das beugt Verfärbungen vor.

Das **köstliche Herz** freilegen

Das schmackhafte »Herz« der Artischocken besteht aus dem Blütenboden und dem unteren, fleischigen Teil der inneren Schuppenblätter. Die Stiele der geernteten Köpfe werden am besten nicht abgeschnitten, sondern an einer Tischkante abgebrochen, damit sich die harten Fasern am Boden gut lösen. Falls dort noch faseriges »Heu« verbleibt, wird es mit einem Löffel oder Kugelausstecher abgeschabt. Entfernen Sie dann die äußeren harten Blätter, und schneiden Sie von den inneren die stacheligen Spitzen ab. Alle Bruch- und Schnittstellen sofort mit Zitronensaft beträufeln, damit sie sich nicht verfärben.

Solanum muricatum

Pepino

WUCHS buschig, bis 100 cm hoch, mehrjährig
ERNTEZEIT Ende Juli bis Oktober

Die aus Südamerika stammenden Pepinos sind auch als Birnenmelonen oder Melonenbirnen bekannt – ein deutlicher Hinweis auf ihre Geschmacksnote. Wegen ihres fruchtigen Aromas findet man sie in Katalogen manchmal auch beim Obst. Doch wenn ab Anfang Juni die lilaweiß gestreiften Blüten erscheinen, zeigen diese deutlich die nahe Verwandtschaft mit Aubergine und Kartoffel. Bis zur Ausreife der dekorativen, hühnereigroßen Früchte dauert es dann noch etwa drei Monate. Die Pflanze sollte einen möglichst warmen, windgeschützten Platz erhalten. Idealerweise steht sie hell, aber nicht in der prallen Mittagssonne.

Kultur In manchen Gärtnereien oder auch Supermärkten und bei Versendern sind vorgezogene Pflanzen erhältlich. Bei eigener Anzucht möglichst schon im Februar bei 18–24 °C vorziehen, da Pepinos eine lange Entwicklungszeit haben. Jungpflanzen bei etwa 20 cm Höhe entspitzen, d. h., die Spitzen der Haupttriebe abkneifen oder abschneiden, um die Seitentriebbildung zu fördern. In große Töpfe oder Ampeln pflanzen und erst gegen Ende Mai ins Freie bringen; die ersten Tage schattig stellen, erst danach an einem sonnigeren Platz postieren.

Pflege Am besten nur drei Haupttriebe belassen und diese an Stäben aufbinden oder aus Ampeln hängen lassen. Unbedingt gleichmäßig feucht halten, sonst droht Knospen- und Fruchtabwurf. Alle zwei bis drei Wochen mit stickstoffarmem (Blüten)-Dünger versorgen. Die Pflanze kann nach kräftigem Rückschnitt hell bei rund 15 °C überwintert werden; über Winter dann sehr zurückhaltend gießen und im Frühjahr umtopfen. Allerdings entwickeln sich im Sommer geschnittene und dann ebenfalls überwinterte Stecklinge im nächsten Jahr oft besser als die Mutterpflanze.

Ernte Die Früchte sind pflückreif, wenn sie sich gelborange gefärbt haben und die violetten Streifen deutlich ausgebildet sind. Im Herbst noch unreife Früchte können Sie ernten und im Haus bei 18–20 °C nachreifen lassen. Reif geerntet sind sie mehrere Wochen haltbar.

Küchentipp Zum einfachen Naschen lassen sich Pepinos ähnlich wie Kiwis auslöffeln und genießen. Da der Geschmack vor allem nach kühlen Sommern etwas fad ausfallen kann, empfiehlt sich beim Zubereiten die Zugabe z. B. von Ingwer oder etwas Fruchtlikör als Abrundung.

Allium cepa

Zwiebeln

WUCHS schlank, aufrecht, mit Röhrenblättern, bis 50 cm hoch | **ERNTEZEIT** ab Spätsommer

Der komplette Zwiebelbedarf lässt sich zwar durch Balkonkultur kaum decken, doch das würzige Aroma aus eigener Ernte lohnt den nicht allzu hohen Aufwand. Für Gefäße eignen sich vor allem:

› Küchenzwiebeln (je nach Sorte mit braunen, weißen, gelben, roten oder violetten Zwiebeln);

› Schalotten mit schmal länglichen, eher mild schmeckenden Zwiebeln;

› kleine weiße Frühlings- oder Silberzwiebeln;

› Lauchzwiebeln und mehrjährige Winterheckzwiebeln *(Allium fistulosum)* zur Ernte der Schlotten – so

nennt man die typischen Röhrenblätter – und lauchähnlicher Schäfte.

Kultur Von Küchenzwiebeln und Schalotten gibt es zwar auch Samen, doch mit gekauften Steckzwiebeln geht es schneller und einfacher. Drücken Sie diese im März oder April (Wintersteckzwiebeln im September/Oktober) so in die Erde, dass die Spitze mitsamt dem oberen Drittel noch herausragt. Dies in einer Reihe pro Kasten, mit 6–10 cm Abstand; bei Schalotten mit 10–12 cm, denn hier entwickeln sich aus einer Steckzwiebel mehrere Tochterzwiebeln. Wo genug Platz ist, können Sie die Zwiebeln auch zwischen Erdbeeren oder Salat stecken. Frühlingszwiebeln werden im März/April gesät und später auf 5 cm Abstand vereinzelt. Auf dieselbe Weise können Sie Lauch- und Winterheckzwiebeln anbauen (kann man je nach Sorte bis August säen). Gönnen Sie Zwiebeln eine dicke Dränageschicht aus Blähton auf dem Kastenboden und ein gut durchlässiges Substrat, um Fäulnis vorzubeugen.

Pflege Bei Saaten für gleichmäßige Feuchte sorgen, sonst nur bei anhaltender Trockenheit gießen, Sorten mit Zwiebelbildung kurz vor der Reife fast trocken halten. Im Herbst gesteckte oder gesäte Zwiebeln über Winter mit Fichtenreisig abdecken, vor Dauerregen schützen.

Ernte Zwiebeln ab August – Wintersteckzwiebeln ab Mai – aus der Erde ziehen, sobald das Laub umknickt und sich gelb verfärbt. Dann abtrocknen lassen und luftig und trocken lagern. Frühlingszwiebeln schon ab Juli ernten, Lauchzwiebeln je nach Saatzeit zwischen August und November. Beide sind nur kurz lagerfähig, sofern man sie nicht einlegt. Schlotten kann man jederzeit schneiden.

Küchentipp Klein geschnittene, glasig gedünstete Schalotten, mit Rotwein und Fond eingekocht, ergeben köstliche Soßen für Fleisch- und Fischgerichte.

Raphanus sativus var. *sativus*
Radieschen

WUCHS kompakt, ovale, raue Blätter, 10–15 cm hoch | **ERNTEZEIT** Ende April bis Oktober

Je nach Saatzeit können Sie schon nach knapp vier bis sechs Wochen knackige Radieschen aus der Erde ziehen. Säen Sie alle zwei bis drei Wochen nach und achten Sie dabei auf geeignete Früh- oder Sommersorten, dann gibt es ständig Nachschub.

Kultur Je nach Sorte von März bis August säen, Saatbänder verwenden oder Pflänzchen später auf rund 6 cm Abstand ausdünnen. In breiten Kästen sind zwei Reihen (mit 15 cm Abstand) möglich.

Pflege Stets gleichmäßig leicht feucht halten; andernfalls können die Knollen früh »pelzig« oder sehr scharf werden oder aufplatzen.

Ernte Immer die dicksten Radieschen zuerst ernten. Warten Sie damit nicht zu lange, sonst werden die Knollen pelzig oder holzig.

Küchentipp Ein Butterbrot, belegt mit frischen, leicht gesalzenen Radieschenscheiben, ist eine einfache, aber unvergleichliche Köstlichkeit.

Beta vulgaris ssp. *vulgaris* var. *vulgaris*
Rote Bete (Rote Rübe)

WUCHS buschig, mit ovalen Blättern, 15–30 cm hoch | **ERNTEZEIT** Juni bis Oktober

Wenn Sie hohe Gefäße verwenden und gut drei Monate Geduld aufbringen, können Sie Rote Bete aller Formen und Fleischfarben (z. B. auch gelb) genießen. Für den Balkonanbau eignen sich allerdings die früh und klein geernteten »Baby Beets« von kugelrunden Sorten wie 'Monalisa' oder 'Pablo' am besten.

Kultur Ab Mitte April bis Anfang Juli einreihig in Kästen säen, mit 5–8 cm Abstand oder später entsprechend ausdünnen.

Pflege Gleichmäßig leicht feucht halten. Ein stickstoffarmer, kalireicher Dünger (rund vier Wochen nach der Aussaat) fördert das Wachstum.

Ernte Nach rund neun bis zehn Wochen lassen sich schon leckere Baby Beets mit etwa 4 cm Durchmesser aus der Erde ziehen.

Küchentipp Die kleinen, zarten Rüben munden roh ebenso wie gekocht oder (süß-)sauer eingelegt.

Malus domestica
Apfel

WUCHS kleiner Baum oder säulenförmig,
1,5–3 m hoch | **ERNTEZEIT** August bis Oktober

Beim Apfelbaum ist es bislang am besten gelungen, wirklich kleinwüchsige Züchtungen zu erzielen. Bei anderen Kleinbäumen bestimmt überwiegend die Unterlage, auf die die fruchtende Sorte veredelt wurde, die Wuchsstärke. Tatsächlich sind die wirklich schwach wachsenden Sorten oft auf mittelschwache Unterlagen veredelt, weil eine noch schwächere Basis zu einem frühen Vergreisen führen würde. So oder so ist ein Zwergbaum nicht gerade eine Anschaffung fürs Leben – sollte mit den Jahren der Ertrag deutlich sinken, ist ein Neukauf die einfachste und beste Lösung. Entsprechend finden sich bei diesen Äpfeln selten vertraute Namen. Manchmal werden zwar bekannte Sorten wie 'Cox Orange' und 'Elstar' als »Zwerge« angeboten, doch sie erfordern schon etwas mehr Schnitt als Spezialzüchtungen wie 'Croquella', 'Delgrina', 'Galina' und 'Lilly'. Bei namenlosen Gewächsen ohne Sortenbezeichnung weiß man dagegen nie so recht, ob sie auf Dauer wirklich kompakt bleiben.

Bei den Säulenäpfeln gibt es die schon länger bewährten Ballerina-Sorten mit eleganten Namen wie 'Bolero', 'Flamenco' und 'Waltz'. Weitere Züchtungen wie 'Arbat', 'Golden Gate' oder 'Red River' bereichern die mittlerweile recht große Sortenauswahl und bieten teils auch eine Resistenz gegen den Apfelschorf und andere Krankheiten.

Apfelbäume brauchen jeweils eine zweite, zeitgleich blühende Bestäubersorte. Gerade bei den häufig angebauten Äpfeln kann man Glück haben: Manchmal reicht schon der Apfelbaum in Nachbars Garten für die Bestäubung des Balkonobsts. Andernfalls ist es ratsam, beim Kauf nach einer passenden Bestäubersorte zu fragen. Neuerdings werden sogar selbstfruchtbare Säulenäpfel (z. B. 'Suncats') angeboten; doch auch hier verbessert ein Zweitbaum den Fruchtansatz.

Achten Sie bei der Auswahl auch darauf, dass es früh-, mittel- und spätreifende Sorten mit jeweils unterschiedlicher Lagerfähigkeit gibt.

Kultur In großen, frostfesten Töpfen. Zwischen Herbst und Frühjahr ein- und umtopfen. Alle drei bis fünf Jahre in ein etwas größeres Gefäß umsetzen.

Pflege Auf gute Wasserversorgung achten, besonders während der Fruchtbildung. Im Allgemeinen ist es besser, die oberste Erdschicht mehrere Zentimeter tief abtrocknen zu lassen und dann wieder durchdringend zu gießen, als das Substrat

  Sonne Halbschatten ● Schatten vollreif ernten   Früchte können oder müssen nachreifen

ERFRISCHEND Der Säulenapfel 'Blue Moon' reift ab Mitte August. Er ist außergewöhnlich dunkel blauviolett und hat einen saftig süß-säuerlichen Geschmack.

BEWÄHRT Die beliebte Sorte 'Elstar' lässt sich recht kompakt ziehen. Ihre Früchte reifen ab Ende September und sind den ganzen Winter über ein Genuss.

ständig komplett feucht zu halten. Blätter nicht benetzen, bei Dauerregen vorübergehend – wenn möglich – ins Trockene rücken. Im Frühjahr Langzeitdünger einarbeiten, nach Fruchtfall oder -ausdünnung Ende Juni/Anfang Juli flüssig nachdüngen; oder ab Beginn der Fruchtbildung bis Anfang August alle zwei Wochen mit Flüssigdünger versorgen. Überreichen Fruchtbehang gegen Ende Juni ausdünnen. Bei Säulen- und echten Zwergbäumen müssen nur gelegentlich überlange Seitentriebe gekürzt bzw. entfernt werden. Ältere Bäumchen bei Bedarf auslichten, d. h. die ältesten Seitentriebe entfernen. Früchte bilden sich beim Apfel an mindestens zweijährigen Seitentrieben bzw. an deren meist kurzen Verzweigungen. Lässt die Blüten- und Fruchtbildung nach, überaltertes Fruchtholz abschneiden bzw. auf jüngere Triebe zurückschneiden. **Ernte** Je nach Sorte zwischen August und Ende Oktober, sobald sich die Früchte ausgefärbt haben und leicht mitsamt Stiel abdrehen lassen. Frühsor-

ten haben meist gleich oder bald nach dem Pflücken ihre volle Genussreife, spätere Sorten müssen oft nachreifen, sind dafür aber länger lagerfähig. **Küchentipp** Sofern die kleine, aber feine Ernte vom Balkon nicht einfach »vernascht« wird, bietet sie sich vor allem für knackige, gesunde Salate an – nicht nur mit anderem Obst, sondern z. B. auch in Kombination mit Möhren oder Roten Beten.

Wechselhafter **Erntesegen**

Apfelbäume neigen dazu, in einem Jahr üppige Erträge zu bringen, im nächsten dann aber kaum Früchte anzusetzen. Dies lässt sich, je nach Sorte, nicht völlig ausgleichen, aber das Ausdünnen (→ Seite 19) in den »fetten Jahren« ermöglicht auch in der Folgesaison eine passable Ernte. Als Grenze bei Säulenbäumen gelten max. 30 Äpfel.

Pyrus communis

Birne

WUCHS kleiner Baum oder säulenförmig,
1,5–3,5 m hoch | **ERNTEZEIT** Juni bis August

Wie beim Apfel und anderen Obstarten sollten auch Zwergbirnen am besten mit einem Sortennamen ausgewiesen sein. Schon ein wenig etabliert haben sich z. B. 'Condo' (→ Abb.) und 'Luisa', und es kommen immer wieder interessante Neuheiten hinzu. Manche sind laut Angaben der Züchter sogar selbstfruchtbar; doch mit einer zweiten Sorte als Bestäuber ist auch bei diesen die Befruchtung sicherer. Für Säulenbirnen hat sich neben Spezialsorten wie 'Concord' und 'Decora' auch die bekannte 'Conference' als tauglich erwiesen.

Die meisten Kübelsorten sind typische Herbstbirnen, mit Pflückreife ab etwa Mitte September bis Anfang Oktober. Da sie meist auch zur selben Zeit blühen, können sich z. B. die Säulensorten oft gegenseitig bestäuben.

Birnbäume sind recht empfindlich gegen Fröste und Frühjahrskälte und stehen am besten an einem geschützten Platz nah vor einer Südwand.

Kultur In großen, frostfesten Töpfen. Zwischen Herbst und Frühjahr ein- und umtopfen. Alle drei bis fünf Jahre in ein etwas größeres Gefäß setzen.

Pflege Gleichmäßig leicht feucht halten, bei Trockenheit zur Blüte- und Fruchtzeit kräftig gießen. Im Frühjahr Langzeitdünger einarbeiten oder bis Anfang August alle zwei Wochen Flüssigdünger geben. Überreichen Fruchtbehang gegen Ende Juni ausdünnen. In kalten Lagen für gründlichen Winterschutz sorgen. Drohen Spätfröste während der Blüte, mit Vlies abdecken.

Bei echten Zwergbäumen überlange Seitentriebe entfernen, bei Säulenbirnen lange Triebe im Juni um 10–15 cm bzw. auf etwa drei Augen einkürzen. Birnen wachsen oft recht steil; bei Buschformen kann es sinnvoll sein, junge Leit- und Seitentriebe im Sommer herunterzubinden (45°-Winkel bis fast waagrecht). Fruchtholzbildung und Schnitt ähnlich wie beim Apfel (→ Seite 45).

Ernte Wenn sich die Früchte sortentypisch ausgefärbt haben und mitsamt Stiel leicht ablösen lassen. Die Herbstbirnen sind dann noch recht hart und müssen in der Regel zwei bis drei Wochen nachreifen, bis sie ihr volles Aroma entfalten. Dafür lassen sie sich aber oft noch bis Dezember (kühl und luftig) lagern.

Küchentipp Werden Birnen gedünstet oder gebacken, helfen ein paar Tropfen Zitronensaft, den Geschmack zu bewahren und zu betonen.

Prunus avium
Süßkirsche

WUCHS kleiner Baum oder säulenförmig,
2–3,5 m hoch | **ERNTEZEIT** Mai bis Oktober

Süßkirschen lassen sich nicht ganz so »zwergig«
ziehen wie andere Obstarten. Doch Zwergbüsche
wie 'Stella Compact' (selbstfruchtbar) und Säulen-
bäume wie 'Sylvia' sind durchaus kübeltauglich. Als
Bestäuber kommen auch Sauerkirschen infrage.
Kultur Wie bei der Birne (→ Seite 46) beschrieben.
Pflege Gleichmäßig leicht feucht halten. Langzeitdünger einarbeiten oder bis Anfang August alle
zwei Wochen flüssig düngen. Ab Fruchtbildung
möglichst vor Dauerregen schützen, um dem Aufplatzen vorzubeugen. Wenn nötig, Vogelschutznetze auflegen. Bei Säulen lange Triebe im Sommer
um 10–15 cm einkürzen. Buschformen nach der
Ernte schneiden, ältere Bäume öfter auslichten.
Ernte Vollreife Früchte mitsamt Stiel entfernen.
Küchentipp Nichts geht über »direkt vom Baum in
den Mund«: Die köstlichen, gesunden Süßkirschen
sind das perfekte Naschobst.

Prunus cerasus
Sauerkirsche

WUCHS kleiner Baum, 1,5–3,5 m hoch
ERNTEZEIT Juni bis Juli

Gelegentlich werden auch schmale Pyramidenfor-
men angeboten, doch hauptsächlich eignen sich
buschige Zwerg-Sauerkirschen wie 'Griotella', 'Ko-
bold' (→ Abb.) und 'Morellini'. Die meisten Sorten
kommen ohne zusätzlichen Bestäuber aus.
Kultur Wie bei der Birne (→ Seite 46) beschrieben.
Pflege Leicht feucht halten. Langzeitdünger einarbeiten oder bis Anfang August alle zwei Wochen
flüssig düngen. Wenn nötig, Vogelschutznetze auflegen. Nach der Ernte schneiden, falls erforderlich.
Steilwüchsige junge Triebe im Sommer herunter-
binden oder wegschneiden. Bogig herabhängende
Seitentriebe entfernen oder stark einkürzen, nachdem sie drei Jahre getragen haben.
Ernte Vollreife Früchte mit Stiel pflücken.
Küchentipp Der leicht säuerliche Geschmack er-
gänzt hervorragend Süßspeisen wie Pudding oder
auch Tiramisu.

Prunus persica

Pfirsich & Nektarine

WUCHS kleiner Baum oder säulenförmig,
1,2–3 m hoch | **ERNTEZEIT** Juli bis September

Mit seinen langen, schmalen, glänzenden Blättern und zahlreichen hübschen rosa Blüten im März und April zählt der Pfirsich zu den attraktivsten Obstarten. Selbst seine leicht pelzigen Früchte sind nicht nur Gaumen-, sondern auch Augenschmaus. Die Nektarine (*P. persica* var. *nucipersica*) ist eine Varietät mit glattschaligen Früchten und dunkelrosa Blüten, ansonsten aber dem Pfirsich sehr ähnlich. Beide brauchen einen möglichst warmen, geschützten Platz, am besten direkt vor einer besonnten Wand. Besonders gefährlich sind Spätfröste im Frühjahr, da die Blüte teils schon im März einsetzt. »Echte« Zwergpfirsiche sind z. B. 'Marina' und 'Crimson Bonfire' (sehr hübsch mit dunkelrotem Laub). Allerdings werden Zwergpfirsiche und -nektarinen meist ohne Sortenbezeichnung angeboten. Als Säulenbaum gibt es u. a. die Sorte 'Aida'. Alle Sorten sind selbstfruchtbar, brauchen also nicht unbedingt einen zweiten Baum als Bestäuber.

Kultur Wegen der Frostempfindlichkeit vorzugsweise im Frühjahr in große, frostfeste Gefäße ein- bzw. umtopfen. Alle drei bis fünf Jahre in einen etwas größeren Kübel umsetzen.

Pflege Gleichmäßig leicht feucht halten, bei Trockenheit zur Blüte- und Fruchtzeit reichlich gießen. Im Frühjahr Langzeitdünger einarbeiten oder bis Anfang August alle zwei Wochen Flüssigdünger geben. Starken Fruchtbehang gegen Ende Juni ausdünnen. In kalten Lagen für einen guten Winterschutz sorgen und bei Spätfrösten ab Beginn der Knospenbildung die Triebe vorübergehend mit Vlies abdecken.

Bei echten Zwergbäumen überlange Seitentriebe entfernen, bei Säulen lange Triebe im Juni um 10–15 cm bzw. auf etwa drei Augen einkürzen. Wüchsigere Bäumchen anfangs nach der Ernte kräftig – etwa um gut ein Drittel – einkürzen, später die Haupttriebe bis zu passenden Nebenästen zurückschneiden; im Frühjahr »wahre« Fruchttriebe (mit rundlichen Blütenknospen und spitzen Blattknospen) um die Hälfte einkürzen, andere Triebe (nur mit spitzen oder nur mit runden Knospen) auf etwa zwei Knospen zurückschneiden.

Ernte Voll ausgefärbte, reife Früchte ernten.

Küchentipp Sollen Pfirsiche, z. B. für Obstsalate, enthäutet werden, lässt sich das durch kurzes Überbrühen mit kochendem Wasser erleichtern. Danach mit kaltem Wasser abschrecken.

Prunus armeniaca
Aprikose

WUCHS kleiner Baum oder säulenförmig,
1,5–3 m hoch | **ERNTEZEIT** Juli bis August

Die Aprikose ist dem Pfirsich recht ähnlich: ebenso
zierend und schmackhaft, aber noch kälteempfind-
licher. Die meist ohne Sortennamen gehandelten
Bäumchen sind öfter keine »echten«, genetisch be-
dingten Zwergformen. Daneben werden gelegentlich schmale Säulenaprikosen angeboten. Aprikosen sind selbstfruchtbar.
Kultur Wie beim Pfirsich (→ Seite 48) beschrieben.
Pflege Allgemeine Pflege wie beim Pfirsich, aber
meist keine Fruchtausdünnung nötig. In sehr kalten
Wintern möglichst drinnen kühl und hell unterbringen. Wenn die Bäumchen nicht von allein klein
bleiben, anfangs die Haupttriebe nach der Ernte
um etwa ein Drittel einkürzen; abgetragene Seitentriebe um gut die Hälfte zurückschneiden.
Ernte Vollreif ernten; öfter durchpflücken.
Küchentipp Am besten direkt vom Baum genießen, da Aprikosen schnell ihr Aroma verlieren.

Prunus domestica
Pflaume

WUCHS kleiner Baum oder säulenförmig,
1,5–3 m hoch | **ERNTEZEIT** Juli bis Oktober

Pflaumen oder Zwetschgen gibt es in recht kompakten Zwergsorten, z. B. 'Jojo' und 'Gold Dust', sowie als Säulen, z. B. 'Imperial' und 'Geisenheimer
Top'. Die Sorten können sich in der Reifezeit deutlich unterscheiden und sind meist selbstfruchtbar.
Kultur Wie beim Pfirsich (→ Seite 48) beschrieben,
aber Ein- und Umtopfen auch im Herbst gut möglich.
Pflege Bei Trockenheit zur Blüte- und Fruchtzeit
kräftig gießen. Langzeitdünger oder bis Anfang August alle zwei Wochen Flüssigdünger geben. In kalten Wintern Töpfe gut isolieren. Wüchsigere Buschformen häufig auslichten, nach etwa vier Jahren
abgetragene Fruchttriebe entfernen.
Ernte Etwa ein bis zwei Wochen nach der vollen
Ausfärbung; Fruchtreife durch Naschen »prüfen«.
Küchentipp Wegen schlechten Wetters früh geerntete Pflaumen können Sie gut im Haus nachreifen lassen, sofern sie bereits ausgefärbt sind.

Fragaria x *ananassa*

Erdbeere

WUCHS Staude, meist mit Ausläufern, 15–40 cm hoch | **ERNTEZEIT** Juni bis Oktober

Leckere Früchte, attraktive Pflanzen, mäßiger Platzanspruch, kein Schnittbedarf und schon seit langer Zeit balkonerprobt: Erdbeeren sind für die Fans von Naschobst geradezu ein Muss. Zwar lassen sich auch einmaltragende Gartenerdbeeren, die im Juni/Juli eine üppige Ernte bringen, in Gefäßen kultivieren. Doch zum Naschen eignen sich besser die mehrmalstragenden (»immertragenden«) Sorten mit anfangs schwächerem Behang, der sich dann aber bis zum Oktober fortsetzt. Folgende Varianten stehen zur Wahl:

> Normale Gartenerdbeeren, z. B. 'Elan', 'Mara de Bois', 'Ostara' und 'Seascape'.
> Hängeerdbeeren mit rund 40 cm langen Ausläufern; sie sind meist ohne Sortennamen im Handel.
> Klettererdbeeren (z. B. 'Bakker's Kingsize' und 'Hummi') mit besonders langen Ranken (bis 150 cm) zum Hochziehen an Gerüsten.
> Monatserdbeeren (*F. vesca* var. *hortensis*) mit kleinen Früchten von Mai bis Oktober, im Gegensatz zu den anderen ohne Ausläuferbildung. Sie fruchten auch noch im Halbschatten gut.

Kultur Zwischen Juli und Anfang September oder Mitte März bis Mitte Mai gekaufte Jungpflanzen einsetzen. Sie können sie einzeln in Töpfe mit rund 25 cm Durchmesser pflanzen, was sich vor allem für Klettererdbeeren empfiehlt. Oder Sie setzen mehrere Exemplare mit 25–30 cm Abstand in große Balkonkästen oder Töpfe. Erdbeeren eignen sich auch

  Sonne Halbschatten ● Schatten ⬗ vollreif ernten ⬖ Früchte können oder müssen nachreifen

NATURNAH Monatserdbeeren (links) haben noch viel mit den anspruchslosen Walderdbeeren gemein, auch das intensive Aroma ihrer leckeren Früchte.

ÜPPIG Die hitzeverträgliche 'Seascape' (rechts) trägt zahlreiche große, schmackhafte Erdbeeren.

gut als Unterpflanzung für Obstbäumchen und -sträucher.

Hängeerdbeeren sind ideal für Ampeln: In Hängegefäßen mit 30 cm Durchmesser lassen sich bis zu drei Pflanzen unterbringen. Auch Klettererdbeeren können Sie in Ampeln oder hoch aufgestellten Töpfen ziehen; berücksichtigen Sie dabei aber die beachtliche Trieblänge. Meist werden sie an Rankgittern, Maschendraht oder Stäben aufgebunden.

Sehr malerisch wirken Hänge- oder Monatserdbeeren in großen Erdbeertöpfen mit bepflanzbaren Öffnungen (Pflanztaschen) an den Seiten.

Vorsicht: Pflanzen Sie Erdbeeren nicht zu tief – die inneren Herzknospen müssen knapp über der Erdoberfläche bleiben.

Monatserdbeeren und manche Gartenerdbeeren lassen sich auch im März aus Samen anziehen (bei 18–24 °C) und ab Ende April auspflanzen. Allerdings kann es sein, dass Sie dann noch gut ein Jahr auf die ersten Früchte warten müssen.

Pflege Gleichmäßig leicht feucht halten. Im Frühjahr nach dem Austrieb mit organischem oder Langzeitdünger versorgen. Im Herbst und Frühjahr welke Blätter entfernen.

Schneiden Sie – außer bei Monatserdbeeren – nach der letzten Ernte alle Ausläufer weg. Die Gefäße können draußen bleiben, kommen aber am besten an einen etwas geschützten Platz. Ampeln sollten abgehängt werden. In kalten Wintern die Gefäße gut isolieren und mit Fichtenreisig abdecken oder vorübergehend an einen hellen, kühlen Platz im Haus bringen. Wenn Hänge- und Klettererdbeeren im Frühjahr nur wenig Ranken bilden, fördert das Ausbrechen der ersten Blüten von April bis Ende Mai das Triebwachstum.

Nach zwei bis drei Jahren lässt der Ertrag meist deutlich nach. Sie können dann im Juli/August Ausläufer, die sich bereits bewurzelt haben, abtrennen und in separate Töpfe pflanzen, um mit ihnen die Altpflanzen zu ersetzen. Für nachhaltigen Erdbeerspaß ist es allerdings ratsam, den Bestand öfter auch durch Neukäufe aufzufrischen – und dabei immer wieder neue Sorten auszuprobieren.

Ernte Pflücken Sie regelmäßig die reifen, gut ausgefärbten Erdbeeren, indem Sie sie mitsamt dem Fruchtkelch am Stiel abdrehen bzw. abkneifen.

Küchentipp Erdbeerquark ist eine köstliche Sommer-Erfrischung und lässt sich schon mit ein oder zwei Handvoll Erdbeeren zubereiten: Die geputzten Erdbeeren zerdrücken, mit Magerquark, Schlagsahne und etwas Vanillezucker verrühren und nach Belieben mit etwas Zitronenmelisse oder Pfefferminze und ganzen Erdbeerscheiben garnieren.

Saisongerecht gießen

Viel Wasser brauchen Erdbeeren direkt nach der Pflanzung. Danach ist gleichmäßige Feuchtigkeit besonders wichtig, wenn die Fruchtbildung einsetzt. Achten Sie darauf, dass beim Gießen möglichst nie die Blüten und Früchte nass werden. Auch an trockenen Septembertagen sollte man noch gründlich wässern, dies fördert die Blütenanlagen für das nächste Jahr. Gießen Sie ab Spätherbst sehr zurückhaltend – nur so viel, dass das Substrat nicht ganz austrocknet.

Ribes rubrum

Rote Johannisbeere

   ❄

WUCHS buschig, als Stämmchen oder säulenartig, 0,8–1,5 m hoch | **ERNTEZEIT** Juli bis August

Johannisbeeren lassen sich im Kübel als Büsche oder Stämmchen ziehen. Neben den üblichen Hochstämmchen mit bis zu 1 m Stammhöhe gibt es auch kleine Fußstämmchen, bei denen die Krone schon in 30–40 cm Höhe ansetzt. Zunehmend werden auch Säulen-Johannisbeeren angeboten – streng genommen sind es schmale Pyramiden, die sich nach oben verjüngen. Wählen Sie bevorzugt Sorten, die recht widerstandsfähig gegen Mehltau und Rost sind. Dazu zählen z. B. 'Rotet', 'Rovada' und die weißfrüchtige 'Blanka'. Die Reifezeit kann

je nach Sorte um einige Wochen variieren. Rote Johannisbeeren sind als Naschobst besonders beliebt. Wer aber Schwarze Johannisbeeren oder die nah verwandten Stachelbeeren bevorzugt, kann sie auf ähnliche Weise im Kübel kultivieren.

Kultur Vorzugsweise im Frühjahr in große, frostfeste Gefäße ein- bzw. umtopfen. Büsche so tief pflanzen, dass die untersten Triebknospen knapp mit Erde bedeckt sind. Säulenformen und hohe Stämmchen gleich mit Stützstab versehen. Alle drei bis fünf Jahre in etwas größere Kübel umtopfen.

Pflege Besonders zur Blüte- und Fruchtzeit für gleichmäßige Feuchtigkeit sorgen. Vermeiden Sie es, dass die Blätter beim Gießen nass werden, dies ist zur Vorbeugung gegen Mehltau und Rost besonders wichtig. Im Frühjahr und gegen Ende der Blütezeit düngen, am besten mit speziellem Beerendünger. Wenn nötig, Vogelschutznetze auflegen. In kalten Lagen für guten Winterschutz sorgen. Bei Büschen reichen acht bis zehn Haupttriebe. Werden es mehr, schneidet man die ältesten an der Basis ganz heraus. Kronen auf Stämmchen mit Mitteltrieb und drei bis fünf flach stehenden Haupttrieben erziehen. Letztere öfter auf junge Seitentriebe zurückschneiden. Bei Säulenpflanzen die Seitentriebe jährlich von unten her auf 30–40 cm einkürzen, nach oben hin zunehmend stärker, sodass sich eine schlanke Pyramidenform ergibt.

Ernte Nachdem die Früchte voll ausgefärbt sind und am besten noch einige Tage gut Sonne abbekommen haben. Vorzugsweise komplette Beerentrauben abschneiden.

Küchentipp Spielt das Wetter nicht ganz mit oder wurde etwas voreilig geerntet, lassen sich noch recht saure Beeren erquicklich mit Eiscreme, Schlagsahne oder als erfrischendes Sorbet mit Vanille und Zucker genießen.

☼ Sonne ◐ Halbschatten ● Schatten 🍇 vollreif ernten  Früchte können oder müssen nachreifen

Rubus sect. *Rubus*

Brombeere

WUCHS aufrecht oder rankend, 1,8–3 m hoch
ERNTEZEIT Ende Juli bis Oktober

Für Kübel empfehlen sich stachellose Sorten. 'Navaho' lässt sich wegen ihres aufrechten Wuchses recht schmal ziehen, sodass sie öfter als »Säulen-Brombeere« angeboten wird. Ansonsten kommen auch stachellose rankende Sorten infrage, z. B. 'Nessy' oder 'Chester Thornless'.

Kultur Vorzugsweise im Frühjahr in große, frostfeste Gefäße ein- bzw. umtopfen. Aufrechte Sorten an Stäben, rankende an Gittern oder Drahtgerüsten hochziehen. Gelegentlich umtopfen.

Pflege Leicht feucht halten. Im Sommer lange Seitentriebe auf zwei bis vier Knospen einkürzen. Über Winter Töpfe gut isolieren. Im Frühjahr abgetragene Ruten ebenerdig abschneiden, dann düngen.

Ernte Voll ausgereifte Früchte pflücken.

Küchentipp Die Beeren schmecken frisch am besten. Aus jungen, getrockneten Blättern lässt sich ein Tee zubereiten, der u. a. blutreinigend wirkt.

Rubus idaeus

Himbeere

WUCHS mit langen, aufrechten Ruten, 1,5–2 m hoch | **ERNTEZEIT** August bis Oktober

Unter Himbeeren sind besonders Herbstsorten, z. B. 'Blissy', 'Golden Bliss' (gelbe Früchte) oder 'Polka', zu empfehlen. Sie reifen ab Spätsommer an den neu gebildeten, diesjährigen Ruten. Diese werden im Spätherbst komplett weggeschnitten. So gibt es selten Probleme mit Schaderregern, die in oder an den Ruten überdauern. Verlockend sind allerdings auch zweimaltragende Sorten wie 'Sugana'. Sie tragen im Spätsommer an den diesjährigen, im folgenden Frühsommer an den vorjährigen Ruten.

Kultur Wie bei Brombeere (→ links) beschrieben.

Pflege Gleichmäßig leicht feucht halten. Abgetragene Ruten, egal ob dies- oder vorjährige, nach der Ernte knapp über der Erde zurückschneiden. Über Winter Töpfe isolieren. Im Frühjahr düngen.

Ernte Voll ausgereifte Früchte pflücken.

Küchentipp Wenn nicht unbedingt nötig, sollten Himbeeren nicht gewaschen werden.

Passiflora edulis
Maracuja

WUCHS Rankpflanze, 2–4 m hoch
ERNTEZEIT August bis September

Diese Pflanzen bieten nicht nur aparte Blüten, sondern liefern auch köstliche, vitaminreiche Früchte, die als Maracujas, Grenadillas oder Passionsfrüchte bekannt sind. Sie brauchen über Sommer einen warmen, hellen, aber nicht prall besonnten Platz.
Kultur Nur zwischen Mitte Mai und Anfang Oktober nach draußen stellen. An Rankgerüst hochleiten. Alle ein bis zwei Jahre im Frühjahr umtopfen.
Pflege Gleichmäßig feucht halten. Bis Anfang August alle ein bis zwei Wochen düngen. Hell bei 5–12 °C überwintern. Im Herbst etwas einkürzen, im Spätwinter kräftig zurückschneiden.
Ernte Nachdem sich die Früchte violettbraun verfärbt haben. Manche Maracujas reifen auch gelb oder orangerot ab.
Küchentipp Zum direkten Verzehr oder Verarbeiten die Früchte halbieren und mitsamt den Kernen aus der (nicht essbaren) Schale löffeln.

Physalis peruviana
Andenbeere

WUCHS buschig aufrecht, rund 1 m hoch
ERNTEZEIT September bis Anfang Oktober

Die Anden- oder Kapstachelbeere gehört zur Verwandtschaft von Tomate, Paprika und Aubergine. Sie hat ähnliche Ansprüche, lässt sich aber als Kübelpflanze mehrjährig kultivieren.
Kultur Anzucht im Februar/März bei 20–24 °C; teils sind auch vorgezogene Jungpflanzen erhältlich. Einzeln in große Töpfe pflanzen, ab Mitte Mai nach draußen stellen, vor Frostbeginn ins Haus holen.
Pflege Stets gut feucht halten. Bis Anfang August wöchentlich düngen. Am besten an einem Stab aufbinden. Im Herbst etwa um ein Drittel zurückschneiden und hell bei 5–10 °C überwintern.
Ernte Sobald die ballonartigen Fruchthüllen braun und trocken und die Früchte orangerot sind.
Küchentipp Werden die säuerlich süßen, vitaminreichen Früchte nicht gleich genascht, sollte man die Hüllenreste an ihnen belassen. So halten sie sich länger.

Actinidia deliciosa
Kiwi

  ☀

WUCHS Schlingpflanze, 3–5 m hoch
ERNTEZEIT Ende Oktober bis Mitte November

Kiwis sind nicht nur Lieferanten köstlicher Vitaminbomben, sondern mit ihren großen, herzförmigen Blättern und weißen Blüten im Sommer auch sehr attraktive Schlingpflanzen.

Meist sitzen die weiblichen und männlichen Blüten getrennt auf verschiedenen Pflanzen. So brauchen Sie für sogenannte zweihäusige Fruchtsorten (z. B. die großfrüchtige 'Hayward' oder 'Starella') zusätzlich Platz für eine männliche Bestäuberpflanze (z. B. 'Matua'). Dies erübrigt sich bei Wahl der einhäusigen Züchtungen 'Jenny' oder 'Solo'. Allerdings

klappt das mit der Selbstbefruchtung nach Berichten mancher Hobbygärtner nicht immer einwandfrei. Weniger Beschwerden habe ich bisher über die ebenfalls selbstfruchtbare 'Issai' gehört. Diese Mini-Kiwi *(Actinidia arguta)* bildet kleine, glattschalige, bei Reife dunkelgrüne, sehr wohlschmeckende Früchte und ist deutlich frosthärter als die anderen Sorten. Dasselbe gilt für die zweihäusigen Mini-Kiwis 'Kiwino' und 'Weiki'.

Kultur Im Frühjahr in große, frostfeste Gefäße ein- bzw. umtopfen. Alle drei bis fünf Jahre in einen etwas größeren Kübel umsetzen. An langen Stäben oder einem stabilen Rankgerüst hochziehen.

Pflege Bei stärkeren Spätfrösten im Frühjahr mit Vlies abdecken, auch die frostharten Sorten, damit die Blütenknospen keinen Schaden nehmen. Gut feucht halten, möglichst mit kalkarmem Wasser gießen. Im Frühjahr Langzeitdünger geben, im Juni und Anfang August mit Beerendünger nachdüngen. Im Sommer fruchttragende Seitentriebe so weit einkürzen, dass vor bzw. über den Früchten vier bis sechs Blätter verbleiben. In kalten Lagen sorgfältig mit Winterschutz versehen oder bei frostempfindlichen Sorten die Triebe einkürzen und im Haus hell und kühl überwintern. Alle paar Jahre abgetragene Langtriebe im Spätwinter entfernen.

Ernte Gut entwickelte Früchte im Spätherbst vorsichtig abpflücken, spätestens bevor stärkere Fröste drohen. Bei Zimmertemperatur nachreifen lassen. Die Früchte sind vollreif, wenn sie bei Druck leicht nachgeben.

Küchentipp Frische Kiwischeiben mit Quark, Joghurt oder Milch verrührt – das erscheint reizvoll, führt aber zu bitter schmeckenden Ergebnissen. Dem lässt sich vorbeugen, indem man die Fruchtscheiben kurz erwärmt bzw. kocht, doch dann verlieren sie leider einen Teil ihrer Vitamine.

Vitis vinifera

Weinrebe

WUCHS Rankpflanze, 1,5–8 m hoch
ERNTEZEIT Ende August bis Oktober

Am geschützten Standort auf Balkon oder Terrasse gedeiht die Weinrebe auch in kälteren Regionen oft recht gut. Und selbst wenn die Ernte bescheiden bleibt, sorgt die Rankpflanze für eine lauschige Atmosphäre. Sofern sie nicht jährlich für eine Überwinterung drinnen zurückgeschnitten werden muss, kann sie auch bei Kübelhaltung mit den Jahren Geländer, Wände oder Überdachungen beranken. Kelterzubehör muss allerdings nicht angeschafft werden: Für den Hobby- bzw. Kübelanbau finden nur Tafeltraubensorten Verwendung. Und diese haben gegenüber bekannte Winzersorten wie z. B. 'Portugieser' einen großen Vorteil: Sie sind recht widerstandsfähig gegen Falschen und Echten Mehltau. Eine kleine Sortenauswahl:

› mit grünen bzw. gelben Trauben: 'Bianca', 'Birstaler Muskat', 'Fanny', 'Lakemont' (kernlos), 'Solaris';
› mit blauen Trauben (und teils schöner roter Herbstfärbung des Laubs): 'Boskoop Glory', 'Esther' (fast kernlos), 'Osella', 'Regent';
› mit rötlichen Trauben: 'Decora', 'Suffolk Red' (kernlos), 'Vanessa' (kernlos).

Bevorzugen Sie in kühleren Lagen Sorten, die schon gegen Ende August reifen, z. B. 'Bianca', 'Esther' oder 'Decora'.

Kultur Im Frühjahr in große, frostfeste Gefäße ein- bzw. umtopfen. So einsetzen, dass die Veredlungsstelle ca. 5 cm über der Erdoberfläche liegt. Alle drei bis fünf Jahre umsetzen. Triebe an Stäben, einem Drahtspalier oder Rankgerüst befestigen.

Pflege Leicht feucht halten. Im Frühjahr Langzeitdünger geben oder bis Anfang August alle drei bis vier Wochen düngen. Wenn nötig, mit Netzen vor Vogelfraß schützen. In kalten Lagen für gründlichen Winterschutz sorgen oder die Triebe einkürzen und drinnen hell und sehr kühl überwintern.

Wie man schneidet, hängt von der gewünschten Wuchsform ab. Kompakte Kübelreben haben einen Haupttrieb, der jährlich im Spätwinter auf die gewünschte Höhe zurückgeschnitten wird. Von diesem gehen einige wenige fruchttragende Seitentriebe ab, die immer wieder erneuert werden. Ein oder zwei davon können auch – heruntergebogen oder (als Kordon) waagrecht gebunden – als Gerüsttriebe an einem Spalier dienen. Soll der Wein dagegen ranken, lässt man mehrere günstig verteilte Seitentriebe in die Länge wachsen, sodass sie mit den Jahren z. B. ein fächerartiges Gerüst mit be-

ROBUST Bereits ab Ende August reifend, kommt die Sorte 'Palatina' auch für kältere Regionen infrage. Sie ist allerdings recht starkwüchsig.

DEKORATIV 'Esther' reift ebenfalls früh und hat neben saftigen, fast kernlosen dunkelblauen Trauben im Herbst auch leuchtend rot gefärbte Blätter zu bieten.

ständig erneuerten Fruchttrieben bilden. Hier ist der Schnitt je nach gewünschter Erziehungsform unterschiedlich, sodass sich Spezialliteratur bzw. fachliche Beratung lohnt.

Wichtig ist der regelmäßige Schnitt der Seitentriebe im Spätwinter. Hier empfiehlt sich meist der Rückschnitt auf zwei Augen, der etwa 2 cm über dem äußeren Auge erfolgt. Aus diesen Augen wachsen zwei neue Triebe. Der weiter vom Stamm entfernte wird im Folgejahr ganz entfernt, den näher stehenden schneidet man wieder auf zwei Augen zurück, aus denen sich neues Fruchtholz entwickelt. Diese Triebe werden im nächsten Spätwinter wieder auf zwei Augen gekürzt usw. So bilden sich beständig neue Fruchttriebe nah am Haupttrieb bzw. Stamm. Im Frühsommer werden dann ungewollte Triebe, die aus dem Stammholz treiben, ausgebrochen, ebenso Triebe, die keine Blüten tragen. Lange Fruchttriebe können im Sommer auf etwa vier Blätter hinter der letzten Traube eingekürzt werden.

Ernte Nach Ausfärbung probieren, ob die Trauben reif sind. Dann Fruchtstände komplett abschneiden.

Küchentipp Dass Trauben gut zu Käse passen, liegt nicht nur an der gelungenen Kombination von süß und deftig: Die Fruchtsäure der Trauben macht Fettes bekömmlicher.

Süße Versuchung

Sonnenverwöhnte Weintrauben bestechen mit einer Süße, die schon etwas misstrauisch machen kann. Tatsächlich haben Trauben einen recht hohen Fruchtzuckergehalt. Doch mit im Schnitt 70 Kalorien pro 100 g sind sie noch längst keine Dickmacher, wie ihnen öfter unterstellt wird. Und die »kleine Sünde« eines Naschanfalls wird durch den reichen Gehalt an Vitaminen, Mineralstoffen und gesundheitsfördernden Polyphenolen mehr als wettgemacht.

Art

Oft spricht man von verschiedenen Gemüse- oder Obstsorten, aber streng botanisch sind damit meist Arten (z. B. Tomate oder Pfirsich) gemeint, keine → Sorten. Gemäß der botanischen Systematik umfasst eine Art Pflanzen, die in allen wesentlichen Merkmalen gleich sind und untereinander fruchtbare Nachkommen erzeugen können. Beim wissenschaftlichen (botanischen) Pflanzennamen bezeichnet das zweite, kleingeschriebene Wort die jeweilige Art. So sind z. B. Süßkirsche (Prunus avium) und Sauerkirsche (Prunus cerasus) nah verwandt, stellen aber zwei verschiedene, eigenständige Arten dar.

Auge

Eine Knospe bzw. ein nur als leichte Erhebung erkennbarer Knospenansatz. Bei Gehölzen versteht man darunter meist Triebknospen, aus denen sich keine Blüten, sondern Seitensprosse entwickeln.

Ausläufer

Ober- oder unterirdische, meist lange und dünne Seitensprosse, die sich bei Erdkontakt bewurzeln und oberseits Triebe oder Blätter bilden. Man kann sie als eigenständige Pflanzen abtrennen und einpflanzen.

Auslichten

Alle Schnittmaßnahmen bei Gehölzen, die dazu dienen, dass mehr Licht und Luft in die Krone oder das Strauchinnere gelangen. Dabei werden vor allem abgestorbene, sehr dicht stehende und nach innen wachsende Triebe entfernt sowie alte Zweige oder Triebteile, die kaum noch Blüten oder Früchte bringen.

Blähton

Ton, der in einem speziellen Verfahren so gebrannt wurde, dass er in Form kleiner, aufgeblähter, leichter Kügelchen vorliegt. Diese finden vor allem bei der Hydrokultur Verwendung, eignen sich aber auch sehr gut als → Dränage im Topf.

Blattachsel

Die Stelle, an der das Blatt bzw. der Blattstiel am Trieb ansitzt. In der geschützten Achsel zwischen Trieb und Blattstiel werden meist Seitenknospen angelegt. Aus diesen entstehen neue Sprosse oder Blüten.

Dränage

Hilfsmittel, die Wasserabfluss ermöglichen oder verbessern. Das ist für Pflanzen in Gefäßen oft überlebensnotwendig: Wenn überschüssiges Regen- oder Gießwasser nicht ablaufen kann, drohen die Wurzeln und andere unterirdische Organe (z. B. Knollen) zu faulen. Für die Dränage ist das Abzugsloch an der Topfunterseite unerlässlich. Eine darüber ausgebrachte, gut durchlässige Dränageschicht aus → Blähton oder Kies fördert den schnellen Abfluss.

F1-Hybriden

Diese Bezeichnung findet sich öfter auf Samentüten von Gemüse. Es handelt sich um hochwertige Kreuzungen aus zwei verschiedenen → Sorten bzw. Zuchtlinien. Sie vereinen die besten Eigenschaften der Elternsorten und können diese sogar übertreffen. Für solches Saatgut müssen die Elternsorten immer wieder neu gekreuzt werden, deshalb ist es recht teuer.

Gesteinsmehl

Fein zermahlene Natursteine, z. B. Basalt oder Dolomit. Die Mehle bestehen vor allem aus Kieselsäure, enthalten aber auch Mineralstoffe, die die Pflanzen als Nährstoffe brauchen. Je nach Ausgangsgestein haben sie einen mehr oder weniger hohen Kalkgehalt. Unter die Erde gemischt, verbessern sie deren Struktur, sind eine langsam fließende Nährstoffquelle und fördern die Widerstandskraft der Pflanzen.

Halbschatten

Ein halbschattiger Standort bekommt etwa den halben Tag keine direkte Sonne. Auch Plätze, die den Großteil des Tages nur leicht beschattet sind und viel indirektes Licht erhalten, stuft man als halbschattig ein.

Kali, Kalium

Kalium, in Salzform als Kali bezeichnet, ist einer der wichtigsten Nährstoffe. Er spielt eine große Rolle im Wasserhaushalt der Pflanzen und bei der Regulierung ihres Stoffwechsels. Außerdem festigt er das Pflanzengewebe und erhöht so die Widerstandskraft gegen Kälte und Schaderreger. In Düngern ist er meist als Kaliumsulfat oder -chlorid enthalten. Die Chloridform ist für die meisten Beerenobstarten schlecht verträglich.

Langzeitdünger

Ein Dünger, der seine Nährstoffe in Abhängigkeit von Temperatur und Substratfeuchtigkeit nur allmählich freigibt und so recht langfristig für Nährstoffnachschub sorgt. Meist sind die Nährstoffe in Harze oder ähnliche Substanzen eingebettet. Auch → organische Dünger wirken nachhaltig, aber nicht ganz so ausdauernd wie Langzeitdünger.

organische Dünger

In den üblichen, als mineralisch bezeichneten Düngern liegen die Nährstoffe in aufbereiteter, leicht löslicher Form vor. So werden sie von den Pflanzen schnell aufgenommen. Allerdings besteht auch die Gefahr einer Überdüngung oder des Ausschwemmens. In organischen Dünger sind die Nährstoffe dagegen an natürliche Substanzen wie Humus gebunden und werden langsamer freigesetzt – je nach Temperatur und Erdfeuchte und dem veränderlichen Bedarf der Pflanzen. Organische Volldünger enthalten alle wichtigen Nährstoffe in ausgewogenem Verhältnis.

Rankpflanze

Eine Kletterpflanze, die sich mit eigens ausgebildeten dünnen Ranken an Quer- und Längsstreben festhalten kann. Rankpflanzen bevorzugen gitterartige Strukturen.

resistente Sorten

Solche Züchtungen verhindern oder begrenzen die Entwicklung bestimmter Schaderreger so weitgehend, dass sie praktisch immun sind.

Schießen

Auch: Schossen. Die bei Salaten, Blatt- und Knollengemüsen unerwünschte vorzeitige Blütenbildung, die die Blätter ungenießbar macht.

Schlingpflanze

Eine Kletterpflanze, die sich bevorzugt an senkrechten Stützen hochschlingt, indem sie diese mit ihren langen Trieben umwindet.

Sorte

Züchtung bzw. Auslese einer → Art mit besonderen Eigenschaften, z. B. einer bestimmten Wuchsform oder -höhe, Fruchtgröße oder -färbung. Bei Gemüse und Obst unterscheiden sich Sorten oft in der Aussaat- und Erntezeit sowie im Geschmack.

Spätfrost

Frost, der noch spät im Frühjahr (bis Mai) auftritt, meist als Nachtfrost.

ssp.

Auch: subsp. Kürzel im botanischen Namen, das eine Unterart (Subspezies) einer → Art kennzeichnet. Ähnlich wie die → Varietät mit speziellen Eigenschaften, die sich meist ohne menschliches Zutun an Naturstandorten entwickelt haben.

Substrat

Andere Bezeichnung für eine gärtnerisch hergestellte Anzucht- oder Pflanzerde: eine Mischung aus Torf oder Torfersatzstoffen, Ton und evtl. weiteren Substanzen mit je nach Verwendung unterschiedlichem Nährstoffgehalt und -verhältnis.

tolerante Sorten

Solche Züchtungen »ertragen« das Auftreten bestimmter Schaderreger meist ohne starke Beeinträchtigung von Wachstum oder Erntegut.

Unterlage

Als Basis einer → Veredlung bestimmt die Unterlage die Wuchsstärke der gesamten Pflanze und verbessert teils auch die Robustheit und die Widerstandskraft gegen Krankheiten. Oft entstammen die Unterlagen nah verwandten Wildarten und werden ebenso gezielt gezüchtet wie die aufgepropften → Sorten.

Varietät

Natürlich oder züchterisch entstandene »Variante« einer → Art, die in einzelnen Merkmalen von jener abweicht und diese Besonderheiten auch an ihre Nachkommen vererbt. Im botanischen Namen wird eine zusätzliche Bezeichnung zusammen mit dem Kürzel var. angehängt. So sind etwa die meisten Kohlgemüse Varietäten des wild wachsenden Kohls *Brassica oleracea* (z. B. *Brassica oleracea* var. *italica*, Brokkoli).

Veredlung

Veredeltes Obst oder Gemüse besteht aus zwei verschiedenen Pflanzen, die ganz miteinander verwachsen sind. Die → Unterlage steuert Wurzeln und Stamm- bzw. Stängelbasis bei. Darauf wird ein junger Trieb oder ein → Auge der Fruchtsorte (Edelsorte) eingesetzt, die dann mit der Unterlage verwächst. Die Veredlungsstelle bleibt meist als leichte Verdickung erkennbar.

Bezugsquellen

Gemüse

› Bruno Nebelung GmbH
Freckenhorster Str. 32
48351 Everswinkel
www.nebelung.de

› Samen-Frese
Kreuzstr. 15
49124 Georgsmarienhütte
www.samen-frese.de

› Floveg GmbH
Rinnerstr. 27-29
53925 Kall-Sötenich
www.bobby-seeds.com

› N. L. Chrestensen
Erfurter Samen- und Pflanzenzucht
GmbH
Witterdaer Weg 6
99092 Erfurt
www.gartenversandhaus.de

Obst

› Baumschule Horstmann
GmbH & Co. KG
Bergstraße 5
25582 Hohenaspe
www.baumschule-horstmann.de

› Dirk König – Baumschulpflanzen-
handel
Teichgarten 17b
31033 Brüggen/Leine
www.baumschule-pflanzen.de

› mr-Pflanzenvertrieb
Lippoldsberger Straße 18
37194 Wahlsburg
www.mr-pflanzenvertrieb.de

› Ahrens + Sieberz GmbH & Co. KG
Hauptstraße 440
53718 Siegburg-Seligenthal
www.as-garten.de

› Kayser & Seibert
Odenwälder Pflanzenkulturen
Wilhelm-Leuschner-Straße 85
64380 Roßdorf
shop.kayserundseibert.de

Gemüse und Obst

› Bakker Holland
22922 Ahrensburg
www.bakker-holland.de

› Gärtner Pötschke GmbH
Beuthener Straße 4
41564 Kaarst
www.gaertner-poetschke.de

› Artländer Pflanzenhof
Im Zwischenmersch/
Baumschulenweg
49610 Quakenbrück
www.pflanzenhof-online.de

› Baldur-Garten GmbH
Albert-Einstein-Allee 4-6
64625 Bensheim
www.baldur-garten.de

› Artus Group GmbH
Alte Karlsruhe Straße 8
76227 Karlsruhe
www.artus-group.de

Literatur

› Renate Hudak: Obst & Gemüse.
Gräfe und Unzer Verlag, München
› Hansjörg Haas: Obstgehölze
schneiden. Gräfe und Unzer Verlag,
München
› Engelbert Kötter: Küchenkräuter
in Töpfen. Gräfe und Unzer Verlag,
München
› Joachim Mayer: Balkon- & Kübel-
pflanzen. Gräfe und Unzer Verlag,
München

Bildnachweis

Alle Fotos in diesem Buch stammen
von **Friedrich Strauß** mit Ausnahme von:
GAP Photos: 31-2, 33, 36, 37, 38-1,
39-2, 46, U4-1, U4-2, U8-1; **Garden
Picture Library:** 47-1, 56, U8-3; **Max
Kohr/ppw:** U3-2; **StockFood:** 54-1.

Syndication:
www.jalag-syndication.de

Wichtige **Hinweise**

› Tragen Sie beim Umgang mit
Pflanzen besser Handschuhe.

› Wenn Sie sich bei der Garten-
arbeit verletzen, sollten Sie um-
gehend einen Arzt aufsuchen.
Eventuell ist eine Impfung gegen
Tetanus erforderlich.

› Bewahren Sie Pflanzenschutz-
mittel und Dünger für Kinder und
Haustiere unerreichbar auf. Halten
Sie Kinder beim Gebrauch fern.

Gartenlust pur.

Feng Shui
für jeden Garten

ISBN 978-3-8338-0785-5

Kräuter
für jeden Garten

ISBN 978-3-8338-0875-3

Hochbeete

ISBN 978-3-8338-2886-7

Orchideen

ISBN 978-3-8338-0527-1

Küchenkräuter
in Töpfen

ISBN 978-3-8338-0533-2

Gemüse
biologisch anbauen

ISBN 978-3-8338-2885-0

Liebe Leserin und lieber Leser,

wir freuen uns, dass Sie sich für ein GU-Buch entschieden haben. Mit Ihrem Kauf setzen Sie auf die Qualität, Kompetenz und Aktualität unserer Ratgeber. Dafür sagen wir Danke! Wir wollen als führender Ratgeberverlag noch besser werden. Daher ist uns Ihre Meinung wichtig. Bitte senden Sie uns Ihre Anregungen, Ihre Kritik oder Ihr Lob zu unseren Büchern. Haben Sie Fragen oder benötigen Sie weiteren Rat zum Thema? Wir freuen uns auf Ihre Nachricht!

Wir sind für Sie da!
Montag–Donnerstag: 8.00–18.00 Uhr;
Freitag: 8.00–16.00 Uhr
Tel.: 08 00/7 23 73 33
Fax: 08 00/5 01 20 54
(kostenlose Servicenummern)
E-Mail:
leserservice@graefe-und-unzer.de

P.S.: Wollen Sie noch mehr Aktuelles von GU wissen, dann abonnieren Sie doch unseren kostenlosen GU-Online-Newsletter.

GRÄFE UND UNZER VERLAG
Leserservice
Postfach 86 03 13
81630 München

© 2010
GRÄFE UND UNZER VERLAG GmbH, München

Projektleitung:
Dr. Michael Eppinger
Lektorat: Barbara Kiesewetter
Bildredaktion: Adriane Andreas, Petra Ender (Cover)
Umschlaggestaltung und Layout: independent Medien-Design, Horst Moser, München
Herstellung: Claudia Labahn
Satz: Liebl Satz+Grafik, Emmering
Reproduktion: Longo AG, Bozen
Druck und Bindung: Firmengruppe APPL, aprinta druck, Wemding

Printed in Germany

ISBN 978-3-8338-1722-9

5. Auflage 2013

Umwelthinweis

Dieses Buch ist auf PEFC-zertifiziertem Papier aus nachhaltiger Waldwirtschaft gedruckt.

 www.facebook.com/gu.verlag

GRÄFE UND UNZER

Ein Unternehmen der
GANSKE VERLAGSGRUPPE

Der Autor

Joachim Mayer arbeitet seit vielen Jahren als Gartenjournalist und Buchautor. Außerdem berät er Balkonbesitzer und Hobbygärtner bei allen Praxis- und Gestaltungsfragen. Sein fundiertes Wissen auf diesen Gebieten verdankt er seiner Ausbildung und Erfahrung als Gärtner und seinem Studium der Agrarwissenschaften.

Der Fotograf

Friedrich Strauß studierte Gartenbau und zählt heute zu den renommiertesten europäischen Gartenfotografen. Der überwiegende Teil der Pflanzen wird von ihm und seinen Mitarbeitern in einer eigenen Spezialgärtnerei herangezogen, nach seinen Ideen arrangiert und professionell fotografiert. Mehr über seine Bildagentur finden Sie unter www.friedrichstrauss.com.